EL REMEDIO BÍBLICO

EL
REMEDIO
BÍBLICO

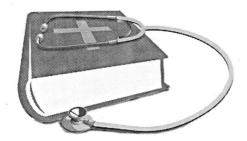

REGINALD CHERRY

DOCTOR EN MEDICINA

CASA
CREACIÓN

El remedio bíblico,
por Reginald Cherry

Título original de la obra en inglés:
The Bible Cure
Copyright © 1998 por Reginald Cherry

El remedio bíblico
Copyright © 1998
de la edición en español, por Casa Creación
Todos los derechos reservados

Impreso en los Estados Unidos de América
ISBN 0-88419-556-2

Casa Creación
Strang Communications
600 Rinehart Road
Lake Mary, Fl 32746
Tel (407) 333-7117 - Fax (407) 333-7147
Internet http://www.strang.com

Traducido por Silvia María Sieburger

A menos que se indique otra cosa,
las referencias bíblicas incluidas
en este libro corresponden a la versión
Reina-Valera Revisada de 1960.
© Sociedades Bíblicas Unidas.
Usada con el debido permiso.

Primera edición, 1998

DEDICATORIA

Este libro está dedicado a todos mis pacientes, quienes han recibido su sanidad a través del remedio bíblico, ya todos mis futuros pacientes y lectores que *recibirán* su sanidad a través de *El remedio bíblico*.

ÍNDICE

PRÓLOGO

Dentro de los textos en griego, arameo y hebreo de los escritos sagrados judeo-cristianos, yace misteriosamente *El remedio bíblico*. En las Sagradas Escrituras están todos los principios que necesitamos para hallar sanidad para el cuerpo, el alma y el espíritu. Como gemas en bruto, sin tallar, escondidas dentro de la mena de una mina profunda, estas joyas de la cura bíblica se pueden extraer, revelar, refinar y exponer brillantemente en nuestras vidas para la gloria de Dios, quien nos ha creado en una forma asombrosa y maravillosa.

Juntos, usted y yo, caminaremos a través de *El remedio bíblico* para descubrir los secretos del sendero de sanidad de Dios para usted. Como médico cristiano, Dios me ha revelado los principios de la cura bíblica. Soy testigo de cómo el remedio bíblico ha cambiado mi vida como médico y la vida de mis pacientes, a medida que ellos lo han aplicado a sus vidas. Muchos de estos pacientes habían sido diagnosticados con enfermedades incurables antes de venir a verme.

He visto cómo el remedio bíblico resulta beneficioso para pacientes que sufren de:

Cáncer
Enfermedades cardíacas
Alta presión arterial
Diabetes
Fatiga
Defectos genéticos
Enfermedades de la piel
Aún las molestias provocadas por las alergias

En mi práctica médica he visto cómo Dios sana casi todas las enfermedades graves por medio de su remedio, aún algunas enfermedades muy poco comunes.

Los principios de *El remedio bíblico* incluyen descifrar las leyes alimenticias del antiguo hebreo; entender cómo Jesús ungía las sustancias naturales para sanar; y cómo podemos orar específicamente por sanidad y vencer ese «enorme monte» de nuestra enfermedad

¿Está preparado para descubrir su remedio bíblica? Únase a mí en este excitante viaje por el sendero de su sanidad.

DR. REGINALD B. CHERRY

1

VERDADES QUE HAN ASOMBRADO A ESTE CIENTÍFICO Y MÉDICO

E ntretejidas en antiguos manuscritos en hebreo, arameo y griego, hay claves de salud y de sanidad que solo recientemente han sido validadas por la investigación científica y médica. Cuando estaba cursando mis materias de preparación para la carrera de medicina en la Universidad Baylor, y luego como estudiante en la Escuela de Medicina de la Universidad de Texas, en San Antonio, sentí curiosidad por los antiguos textos que nosotros llamamos actualmente «La Biblia», y por su relación con la medicina moderna.

Soy un médico que ha sido educado y adiestrado en una de las escuelas de medicina de la Universidad de Texas y tengo licencia para ejercer medicina en dicho estado. Estoy preparado para ser un científico y un médico especializado en el campo de la medicina preventiva.

Cuando veo a mis pacientes diariamente, me sorprendo en forma constante al ver cómo los descubrimientos de la ciencia médica y el poder de la fe y de la oración operan juntos para revelar el remedio bíblico para los pacientes.

Sí; dije *remedio bíblico*. Antes de ser cristiano, yo era un estudiante de ciencias en la Universidad Baylor, preparándome para ir luego a la escuela de medicina. Ya entonces, estaba asombrado por las leyes alimenticias y nutritivas que se encontraban en las verdades reveladas en los antiguos textos bíblicos y que los científicos recién comenzaban a descubrir en este siglo.

El misterio de los carbohidratos y de las grasas

Permítame darle un ejemplo de cómo el remedio bíblico y la ciencia actual revelan senderos de sanidad y de salud para usted en este mismo momento. Un tema importante que ha desconcertado tanto a los científicos como a los médicos durante años es el papel que desempeñan los carbohidratos y las grasas en nuestra dieta y en nuestra salud.

Durante muchos años, varios expertos en el campo de la medicina pensaban que una dieta rica en hidratos de carbono era la ideal. Otros creían que una dieta vegetariana era lo mejor. En estudios más recientes, los científicos han encontrado que hay algunos aspectos perjudiciales en una dieta completamente vegetariana. Asimismo, los científicos solían pensar que cuanto menor fuera el insumo de grasas, tanto mayor la salud. Sin embargo, la investigación actual ha descubierto el hecho de que la eliminación de todas las grasas no es la manera más sana de comer. En realidad, necesitamos cierto tipo de grasas.

La cura bíblica encaró, miles de años antes del nacimiento de Cristo, los temas de cómo los carbohidratos y las grasas afectan nuestra salud. En los textos masoréticos de la Torá podemos descifrar dos tipos de dieta. El texto hebreo para Génesis 1.29 describe la primera dieta: ואת־כל־העא אשר־בו פרי־עא זרע זרע לכם אלהים הנה נתתי לכם את־כל־עשב זרע זרע אשר על־פני כל־הארא ויאמר (Génesis 1.29). La Biblia de las Américas traduce este mandato de Dios de la siguiente manera: «Y dijo Dios: He aquí, yo os he dado toda planta que da semilla que hay en la superficie de toda la tierra, y todo árbol que tiene fruto que da semilla; esto os servirá de alimento.»

La primera dieta se enfoca en lo siguiente:

- Toda semilla de plantas (את־כל־עשב זרע זרע). El comer plantas y semillas —el grano integral, y no el germen refinado de la semilla— es fundamental para el código del remedio bíblico en cuanto al consumo de alimentos saludables. Esto incluía cereales y algunas legumbres que ayudan a reducir los niveles del colesterol nocivo y sirven de protección en contra de la presión arterial elevada. Esta dieta es baja en sodio y rica en potasio.

• El fruto de un árbol que da semillas (פְּרִי־עֵץ זֶרַע זֶרַע). Como veremos más adelante en este libro, los frutos están cargados con fibras solubles, cuyo beneficio es que reducen los niveles del colesterol. Asimismo, la fibra soluble, tanto la de los frutos como la de ciertos vegetales, acelera la eliminación de sustancias nocivas de nuestro cuerpo, las cuales incrementan nuestro riesgo de cáncer.

«...os servirá de carne (alimento)» (יִהְיֶה לְאָכְלָה). *La palabra para carne (* אָכַל *) es el sustantivo hebreo que se utiliza para alimento; no para carne. Estas instrucciones dietéticas de Dios son una enseñanza general de que la primera dieta de alimentos consistía en frutas, semillas, plantas y hierbas; no se refiere a sustituir carne por vegetales.*

Más adelante, en el libro de Génesis, observamos cómo Dios le agrega proteínas de carne a nuestras dietas. En la segunda dieta recomendada en la Torá, Dios añade otra fuente de proteínas: כָּל־רֶמֶשׂ אֲשֶׁר הוּא־חַי לָכֶם יִהְיֶה לְאָכְלָה כְּיֶרֶק עֵשֶׂב נָתַתִּי לָכֶם אֶת־כֹּל (Génesis 9.3). Dios permite que la carne sea consumida como proteína al ordenar: «Todo lo que se mueve y tiene vida os será para alimento: todo os lo doy como os di la hierba verde» (Génesis 9.3). Esta no es una nueva dieta, sino simplemente una extensión de su mandato en Génesis 1.29. Primero, se nos da plantas (עֵשֶׂב), semillas (זֶרַע) y frutos de un árbol (פְּרִי־עֵץ) para comer. A esto, en Génesis 9.3 Dios le agrega todo lo que se mueve y tiene vida (כָּל־רֶמֶשׂ אֲשֶׁר הוּא־חַי). Dios restringe algunos alimentos, lo cual veremos más adelante en Levítico y Deuteronomio.

Es interesante estudiar diferentes dietas de todo el mundo en la actualidad, desde México hasta el Lejano Oriente, y descubrir que cuando sus dietas se asemejan a los edictos del remedio bíblico para los alimentos, los usuarios viven en una forma más sana y por más tiempo promedio que los norteamericanos que le han añadido tantos alimentos procesados y grasas a sus dietas.

Un estudio interesante se concentró en la tribu *bantú* del África. Un grupo *bantú* comía una dieta puramente vegetariana, incorporando sólo una parte del remedio bíblico de Génesis 1.29. Este grupo, cuya dieta consiste esencial y predominantemente de plantas, estaban recibiendo los carbohidratos que necesitaban pero carecían de las proteínas necesarias.

Un segundo grupo de la tribu habitaba cerca de un gran lago y comía grandes cantidades de pescado, pero ningún otro tipo de carne. El estudio descubrió que los vegetarianos tenían un nivel sanguíneo más elevado de la lipoproteína nociva de baja densidad (colesterol LBD), mientras que los que comían pescado tenían un promedio del 40% menos del colesterol (LBD) que se encuentra en las plantas. Los que ingerían pescado y seguían el remedio bíblico de Génesis 9.3 eran más sanos, vivían por más tiempo y tenían una menor incidencia de enfermedades cardíacas. ¿Por qué? Ellos poseían niveles más elevados de una forma beneficiosa de colesterol, llamado *lipoproteínas de alta densidad* (LAD), el cual, a niveles apropiados, es bueno para nuestra salud. Por lo tanto, este estudio indica claramente que el comer carnes tales como pescado y pollo puede mejorar nuestra salud y reducir nuestro riesgo de contraer cierto tipo de enfermedades.

El LBD y el LAD
en las enfermedades cardíacas

R *El villano de las enfermedades del corazón es el LBD, la forma nociva de colesterol. (El LAD es el componente «bueno» o protector). El LBD se deposita en la paredes de las arterias a medida que circula por la corriente sanguínea, donde estimula los cambios químicos que llevan a la formación de placas arterioescleróticas. Este proceso nocivo se ve agravado por los radicales libres en el área —productos finales que resultan del metabolismo del oxígeno en el cuerpo. (Los radicales libres son semejantes al sistema de escape de gases de un automóvil. Tienen efectos negativos, incluyendo este efecto sobre el LBD en las paredes arteriales.)*[1]

Permítame darle otro ejemplo de cómo el remedio bíblico se interrelaciona con la ciencia moderna actual a medida que la investigación recoge nueva información sobre cómo vivir y comer en forma sana. En Levítico 3.17 se halla una prohibición general de comer grasas. Pero el remedio bíblico llega a ser muy específico en Levítico 7.23-24: טרפה יעשה לכל־מלאכה ואכל לא תאכלהו

ישראל לאמר כל-חלב שור וכשב ועז לא תאכלו וחלב נבלה וחלב
דבר אל-בני

La traducción de la Biblia de las Américas de este antiguo texto semita dice: «Habla a los hijos de Israel, y diles: "Ningún sebo de buey, ni de cordero, ni de cabra, comeréis. El sebo de un animal muerto y el sebo de un animal despedazado por las bestias podrá servir para cualquier uso, mas ciertamente no debéis comerlo."»

De esta manera vemos que Dios prohibe las grasas. Pero, ¿por qué encontramos a través de toda la Biblia tantas referencias a los olivos y al aceite de oliva, los cuales son extremadamente ricos en grasas? Aun hoy, en Israel, se utilizan mucho las aceitunas y el aceite de oliva. Cuando observamos cuidadosamente las Escrituras en Génesis y en Levítico, podemos observar que Dios está hablando de «grasas saturadas»: Él describe la grasa de los animales, no la de las plantas. El hebreo de Levítico es muy específico acerca del tipo de grasa que está describiendo. Este tipo de grasa —(חלב)— no se refiere a los gramos de grasa que se encuentran en la plantas, sino específicamente a la de los sacrificios de animales. Es asombroso cuando comprendemos que los textos antiguos, escritos por personas que no tenían ningún conocimiento de la ciencia o de la medicina moderna, son muy específicos y precisos en cuanto al remedio bíblico. Dios no sólo ha revelado que las grasas pueden ser nocivas cuando las ingerimos, sino que Él ha nombrado la clase específica de grasa que es la más perjudicial, usando la palabra exacta para nombrarla: —(חלב)— ¡Grasa animal!

חלב Grasa en el hebreo

Esta palabra hebrea se refiere por lo general a la grasa de animales o a la «grasa del estómago». Los sacerdotes quemaban la grasa de los animales expiatorios, específicamente la que rodeaba los riñones y los intestinos (Véase Levítico 3.3-4, 10, 14-16). En algunos casos se ofrendaba la grasa del rabo de la oveja de rabo ancho, la cual puede llegar a pesar hasta cuatro kilos (Véase Levítico 3.9; Éxodo 29.22). La grasa se quemaba en las siguientes ofrendas:

(continúa en la siguiente página)

1- El holocausto (véase Levítico 1.8, 12, donde se utiliza la palabra pe-
der, «sebo»).
2- Las ofrendas de paz (véase Levítico 3.9; 7.15).
3- Las ofrendas por el pecado (Levítico 4.8-10).
4- La ofrenda por la culpa (Levítico 7.3-4).

Como la sangre, tampoco se debía comer la grasa (Levítico 3.17;
7.23, 25).2

Esto plantea una interesante pregunta. Durante muchos años, médicos, nutricionistas y científicos han asumido en general que la gente debiera mantener una dieta baja en grasas; cuanto más bajas, mejor. Pero cuando examinamos con cuidado el remedio bíblico en los manuscritos hebreos y arameos, vemos la mención constante a alimentos ricos en grasas, los cuales no son productos de la carne, tales como las aceitunas y el aceite de oliva. A continuación vemos algunos ejemplos:

«Y casas llenas de todo bien, que tú no llenaste, y cisternas cava-
das que tú no cavaste, viñas y olivares que tú no plantaste, y luego que
comas y te sacies.»

DEUTERONOMIO 6.11

«Tierra de trigo y cebada, de vides, higueras y granados; tierra de
olivos, de aceite y de miel.»

DEUTERONOMIO 8.8

«Tu mujer será como vid que lleva fruto a los lados de tu casa; tus
hijos como plantas de olivo alrededor de tu mesa.»

SALMO 128.3

«Se extenderán sus ramas, y será su gloria como la del olivo, y per-
fumará como el Líbano.»

OSEAS 14. 6

El aceite de oliva y las aceitunas tienen un tipo de grasas completamente diferente, llamadas grasas *monoinsaturadas*, las cuales son diferentes a las *polinsaturadas* de los animales. ¿Qué es lo que las hace tan diferentes? Reducen el nivel del colesterol malo

16

(LBD) y aumentan el nivel del colesterol bueno (LAD), y mejoran el funcionamiento del sistema inmunológico del cuerpo.

El doctor Lynne Scott, director de la Clínica de Modificación Alimenticia de la Facultad de Medicina Baylor, en Houston, dice:

«Estos aceites monoinsaturados no parecen reducir el buen colesterol LAD (lipoproteína de densidad alta) en la misma forma que lo hacen los polinsaturados tales como los aceites de maíz, de alazor (cártamo), y de sésamo. Yo recomiendo mucho el aceite de oliva para cosas tales como las ensaladas, y el aceite de canola, de sabor más suave, para hornear, como reemplazantes de la manteca o mantequilla y del aceite de cerdo. Los monoinsaturados pueden asimismo evitar que el colesterol LBD se oxide, un cambio químico que puede conducir al bloqueo de las arterias y a los ataques cardíacos.»[3]

Entonces, ahora la ciencia ha comenzado a decir: «Espere un momento. Hemos ido muy lejos con este tema de la restricción de grasas. La gente necesita grasa en sus dietas.» Hoy en día consideramos que la dieta básica de los antiguos hebreos —la *Dieta Mediterránea*— es la ideal para estar sano. Compartiré esta dieta con usted en detalle en el capítulo tres.

Las grasas *monoinsaturadas* predominan en la Dieta Mediterránea; se encuentran en alimentos tales como las aceitunas, las nueces y otros alimentos saludables como la cebada (Véase Génesis 43.11; Números 11.5; Deuteronomio 8; Proverbios 25.16).

Asimismo descubriremos por qué el remedio bíblico prohibe comer carnes tales como la de cerdo y mariscos, mientras que permite la carne de ciertos pescados, aves y res. Estaré muy entusiasmado de compartir con usted cómo preparar el saludable pan de Ezequiel. La cura bíblica no es un manual de nutrición, sino una guía que se encuentra en el texto bíblico antiguo que lo conducirá por el camino de su sanidad. La intención de Dios no fue la de escribir un manual de nutrición. Pero la persona que divida la Palabra perceptiva y correctamente podrá extraer el remedio y el camino de la sanidad que Dios ha planeado para su pueblo. Y cada cosa que estamos descubriendo hoy en el campo de la ciencia establece un paralelo y refuerza lo que la Biblia dice acerca de la nutrición.

A través del Nuevo Testamento tenemos ahora la habilidad de superar el daño ocasionado a nuestra salud por los malos hábitos alimenticios y de estilo de vida. Pero no podemos revertir las leyes de salud de Dios. Por ejemplo, sabemos que no podemos obtener todas las sustancias nutritivas que necesitamos del reino vegetal —el hierro y la vitamina B12 son dos claros ejemplos. La soja es la única fuente de proteína completa de las plantas, y a la mayoría de las personas en todo el mundo les es difícil comer productos de soja. Por lo tanto, para poder conseguir una proteína completa que provenga sólo del mundo vegetal, nos vemos forzados a combinar ciertos alimentos. Cuando añadimos a nuestras dietas un trozo apenas de pescado o de pollo, los cuales son bajos en grasas saturadas, podemos obtener la proteína necesaria al instante.

Miles de años antes de que tuviéramos conocimiento alguno del colesterol LBD y del LAD, la cura bíblica indicaba que ciertos alimentos, incluyendo las carnes, podían ser consumidos, brindándole beneficios de salud específicos a nuestro cuerpo y a nuestro estilo de vida. A medida que desenmarañamos estos textos antiguos y exploramos la ciencia moderna y la medicina, descubriremos cómo nuestro sendero hacia la sanidad incluirá las antiguas leyes dietéticas de Dios, las revelaciones y enseñanzas acerca de la sanidad de *Jehová Rapha*, y el uso de las medicinas y sustancias naturales actuales para curar y para tener salud.

La duración de la vida y el remedio bíblico

La gerontología es la ciencia médica que estudia el envejecimiento. Mucho antes de que tuviéramos alguna evidencia científica de cuánto tiempo debiéramos vivir, la cura bíblica daba respuestas y comprensión específicas. Los científicos han estado tratando de aclarar los misterios del envejecimiento durante décadas enteras. En la temprana década de los cincuentas, Leonard Hayflick, un científico de la Universidad de California, en San Francisco, descubrió algo muy interesante: todas las células humanas son capaces de reproducirse a sí mismas solo una cierta cantidad de veces.

Esto se estima que es alrededor de cincuenta divisiones de células, lo cual, según estima el Dr. Hayflick, colocaría a la vida humana entre 115 y 120 años.[4] Los investigadores aún no saben qué es lo que determina este horario celular, pero la duración de vida de los seres humanos parece estar fijada aproximadamente en 120 años. Los investigadores pueden estudiar un cultivo de células humanas mientras estas se dividen una y otra vez hasta alcanzar un máximo de cincuenta o sesenta divisiones, lo cual equivale a 120 años.

Siglos antes de Hayflick, el remedio bíblico ya había revelado la duración de vida de los seres humanos en Génesis 6.3: שׁנה ועשׂרים מאה ימיו והיו que traducido dice: «...mas serán sus días ciento veinte años.» Nuestro sendero de sanidad así como se encuentra identificado en el remedio bíblico ha sido ya determinado en 120 años. La ciencia ha descubierto una verdad antigua revelada por Dios miles de años atrás. Este no es más que otro ejemplo para estimularlo a unirse a mí en el estudio del remedio bíblico en las páginas que siguen.

Antes de examinar en detalle los textos hebreos y griegos antiguos que revelan este remedio, permítame compartir con usted cómo Dios (Dios Jehová) me llevó de ser un estudiante curioso de la religión a ser un cristiano comprometido, que cree que Dios nos revela su remedio bíblico a través de nuestro propio sendero personal de sanidad.

De científico y médico a doctor cristiano

Mi viaje hacia el descubrimiento del remedio bíblico comenzó en la escuela de medicina. En ese entonces no era cristiano, pero me sentía atraído regularmente por las cruzadas de Billy Graham en televisión y de vez en cuando leía la Biblia. Sin embargo, mi curiosidad por la relación entre las Escrituras y la medicina comenzó a intensificarse años más tarde.

Había leído a través de los años varios pasajes bíblicos tales como cuando David dice como «asombrosa y maravillosamente he sido hecho» (La Biblia de las Américas). También recuerdo haber leído que el ojo es la luz del alma. En la escuela de medicina, durante el curso de examinación médica, estaba maravillado cuando estudiamos el ojo humano. Descubrí que era, en realidad, el único lugar en el cuerpo donde se pueden observar directamente las arterias, las venas, y hasta la terminación de un nervio (el nervio óptico). Más adelante aprendimos que al examinar el ojo, un doctor puede detectar más de 200 enfermedades diferentes en el cuerpo humano. Estos eran conceptos médicos asombrosos y yo no podía dejar de pensar que verdaderamente Dios hizo el cuerpo humano en una forma «asombrosa y maravillosa».

Al terminar la escuela de medicina y luego mi residencia, comencé a ver pacientes que tenían problemas reales. No eran casos de libros de texto sino seres humanos de carne y hueso que estaban sufriendo, que sentían con profundidad, y que de tanto en tanto se morían, aun cuando yo utilizaba el mejor conocimiento médico posible para tratar de curarlos.

Cuando finalmente acepté al Señor en el año 1979 y nací a su Reino, ya estaba comenzando a darme cuenta de que tenía que existir una fuente de sanidad más allá de lo que el conocimiento científico y la medicina ofrecían para sanar a las personas. Leí que Dios es *Jehová Rapha*: אני יהוה רפא «Yo soy Jehová tu sanador» (Éxodo15.26). Dios me reveló un camino de sanidad en el cual Él utiliza tanto lo natural como lo sobrenatural para sanar (Véase Juan 9.1-7; Marcos 10.46-52).

Después que fui salvo, me congregaba en una pequeña iglesia que creía en el poder sanador de Dios y en la oración por los enfermos (Santiago 5.16). Comencé a notar que las personas eran sanadas en una forma sobrenatural en la iglesia.

Una de las primeras sanidades que observé luego de ser salvo fue la de una señora con un serio problema de espalda. Los problemas de espalda pueden ser un gran desafío en la práctica de la medicina, porque los médicos muy a menudo no poseen muchos tratamientos efectivos que puedan ser de ayuda. Damos analgésicos y esperamos que con el tiempo los problemas de espalda desaparezcan. Pero esta señora había estado sufriendo por mucho tiempo. En uno de los servicios de la iglesia, la gente se reunió alrededor de ella, le impusieron sus manos y oraron. De repente, el dolor de espalda desapareció.

Al principio pensé: *Esto no es más que algo emocional*. Creía que una vez que el entusiasmo del momento decayera, su problema de espalda regresaría. Pero el domingo siguiente llegó y la señora seguía curada y sin dolor. Pasó un mes y ella seguía sin nada de dolor. Al observar a esta mujer que había tenido tanto dolor viniendo a la iglesia mes tras mes completamente curada, la realidad de que Dios sana comenzó a confirmarse en mí.

Más tarde comenzamos a concurrir a la iglesia Lakewood en la ciudad de Houston, Texas. En uno de los servicios vespertinos noté a un hombre que caminaba con muletas en la parte de atrás del santuario. Nadie le impuso manos u oró específicamente por él, pero el pastor dijo por revelación que alguien con dolor de espalda estaba siendo sanado por Dios. Nuestro pastor afirmó: «Si usted acepta su sanidad, será sanado en este mismo instante.»

De repente, el hombre empezó a dar alaridos. Se produjo toda una conmoción a su alrededor. Yo era aún muy joven en la fe, pero estaba abierto a la realidad de que Dios desea sanar a la gente en la actualidad. De modo que observé a este hombre en muletas tanto con anticipación espiritual como con curiosidad médica. Él simplemente colocó sus muletas debajo de los brazos, corrió hacia el altar y subió las escaleras hacia la plataforma donde estaba parado nuestro pastor.

Toda la audiencia estaba electrizada. La familia de este hombre se unió a él y confirmó la medida de su discapacidad, regocijándose con lágrimas por lo que Dios había hecho en él. Ellos dijeron: «Desde su infancia nunca pudo caminar más de unos pocos pasos sin sentir un dolor terrible, y nunca pudo correr. Desde pequeño, nunca pudo correr. Ha tenido que caminar con muletas durante años. Los cirujanos ortopédicos se han dado por vencidos, y le han dicho que nunca jamás podría caminar sin ayuda.»

El hombre que había estado lisiado, corría ahora por toda la plataforma para demostrarle a todos que Dios realmente lo había sanado. Yo fui testigo del increíble poder de sanidad de Dios. Estoy de acuerdo con Jack Deere en su libro *Surprised by the Power of the Spirit* (Sorprendido por el poder del Espíritu) cuando sostiene que la razón verdadera por la cual tantos cristianos no creen en el poder sanador de Dios es «simplemente porque no han visto milagros en su experiencia actual».[5] Antes de ser testigo de estas sanidades, yo no había experimentado su poder sanador en la actualidad. Pero allí, delante de mis propios ojos, tuvo lugar el innegable testimonio del poder de Dios para curar. De modo que tanto en mi faz cristiana como en mi profesión médica comencé a aceptar la verdad de que Dios cura hoy en día, *naturalmente* y *sobrenaturalmente* o *milagrosamente*.

La comprensión de que Dios puede y quiere sanar en mi práctica médica a través de su remedio bíblico me llegó lentamente a través de los años, a medida que pude observar cómo el Espíritu de Dios obra a través de la vida de muchos pacientes en muchas y diversas situaciones. Cuando comprendí que Dios tiene un camino de sanidad único, recibí entonces la máxima revelación del remedio bíblico.

El camino de sanidad de Dios

- En los milagros de sanidad de Jesús hay una clase de sanidad que podría denominarse instantánea. Estos eran milagros dramáticos, repentinos, instantáneos, en los cuales Jesús curaba con un poder espiritual sobrenatural.

- La segunda clase de sanidad es la sanidad progresiva; gente que era sanada con el pasar del tiempo. Un proceso de sanidad comenzaba en el punto A, pero había un lapso de tiempo que tenía que transcurrir para llegar al punto B, donde la total manifestación de la sanidad ocurría.

En Daniel 10 el remedio bíblico revela un misterio: mientras que Dios respondió a la oración de Daniel en forma instantánea, hubo una manifestación progresiva de la respuesta a través de un período de tiempo de veintiún días. Un ser sobrenatural se le apareció a Daniel y le reveló que: «...porque desde el primer día (מ/־היום הראשו/) que dispusiste tu corazón a entender y a humillarte en la presencia de tu Dios, fueron oídas tus palabras; y a causa de tus palabras yo he venido» (Daniel 10.12). En otras palabras, en el momento en que Daniel oró el primer día, Dios lo escuchó y contestó su oración. Pero tuvieron que transcurrir veintiún días para que la respuesta a su oración se manifestara. En el momento en que oramos por sanidad, Dios escucha y nos responde. Pero la manifestación de la respuesta a nuestra oración puede tomar varios días antes de hacerse realidad. Puede ser que una batalla espiritual se esté llevando a cabo, como fue en el caso de Daniel.

Más adelante, en Daniel 10.14, el ser sobrenatural reveló asimismo que una visión recibida puede ser para una época o para un lapso de tiempo. Dios le puede revelar en forma sobrenatural una visión de su sanidad, pero esta se manifestará en forma progresiva a través de un lapso de tiempo en su vida.

Encontramos un ejemplo de este principio en el Nuevo Testamento, en la historia de Jesús curando a los diez leprosos (Lucas 17). Cuando ellos alzaron la voz desde la vera del camino, pidiéndole a Jesús que los sanara, Él instruyó que fueran de inmediato a mostrarse a los sacerdotes. El texto en griego dice lo siguiente: και εγενετο εν τω υπαγειν αυτους εκαθαρισθεσαν Lucas 17.14b). Lo cual significa: «mientras iban, fueron limpiados.» La Biblia de las Américas traduce el griego de la siguiente manera: «mientras iban, quedaron limpios.» En otras palabras, estos leprosos experimentaron un proceso de sanidad. Mientras iban, και εγενετο εν τω υπαγειν αυτου, fueron sanados. Mientras obedecían a Cristo y hacían lo que Él les ordenaba, encontraron un lapso de tiempo que los condujo a su sanidad.

Esto es similar a lo que tuvo que hacer Naamán en el Antiguo Testamento (Véase 2 Reyes 5.10.) Mientras que Dios le afirmó su sanidad a través de Eliseo, Naamán tuvo que ir hasta el Jordán y lavarse allí siete veces en las aguas del río. Había un proceso —un lapso de tiempo— que debía transcurrir antes de que la manifestación total de su sanidad fuera evidente.

La primera revelación notable de la cura bíblica que recibí en la práctica de la medicina cuando era aún muy joven en la fe, fue la siguiente: *Dios puede curar tanto instantáneamente como gradualmente.* La manifestación de la sanidad puede ocurrir en forma instantánea o se puede manifestar como un proceso.

El camino de Dios para sanar

Una segunda revelación asombrosa que tuve del remedio bíblico fue la siguiente: *La unción de sanidad puede fluir a través de sustancias naturales.* Esta fue para mí una revelación increíble en mi práctica de la medicina. Si la sanidad ocurría solo a través de lo sobrenatural, ¿para qué necesitábamos a la medicina? ¿Para qué controlar la presión alta? ¿Para qué necesitábamos medicamentos o inclusive doctores?

El camino de sanidad dl remedio bíblico está dramáticamente revelado en el noveno capítulo de Juan, donde Jesús sana a un ciego. La sanidad puede manifestarse instantáneamente o como un proceso a través de un lapso de tiempo. En el camino de sanidad de Dios descubrí que la misma puede fluir en forma sobrenatural, a través de sustancias naturales, o ¡a través de una combinación de ambas cosas a la vez!

En Juan 9.1-7 Jesús toca a un hombre ciego, pero este no se sanó en el instante en que Jesús lo tocó. Cuando realmente leí este pasaje por primera vez, fue una revelación para mí. Como nuevo creyente, yo pensaba que cada vez que Jesús tocaba a alguien, el poder de Dios era tan increíble que simplemente borraba todo sufrimiento al instante. Pero en Juan 9 Jesús tocó al hombre, y luego le dio instrucciones para que fuera a lavarse al estanque de Siloé. Jesús escupió en la tierra e hizo lodo con la saliva, la cual aplicó sobre los ojos del hombre ciego: ταυτα ειπων επτυσεν χαμαι και εποιησεν πηλον εκ του πτυσματος και επεχρισεν αυτου τον πηλον επι τους οφθαλμους (Juan 9.6). Cuando el hombre ciego fue al estanque y se lavó el lodo de los ojos, fue sanado.

επιχριω — «Ungir o aplicar un ungüento»

Ω *La cura bíblica es muy específica en cuanto al uso del lenguaje. El único lugar en el Nuevo Testamento en el que se encuentra la palabra griega επιχριω es en Juan 9.6. Esta palabra está tomada del vocabulario del mundo de la medicina de la antigua Grecia. Es más, es utilizada por el médico griego, Claudio Galeno, en sus escritos médicos: Corpus Medicorum Graecorum.2 Galeno residía en Roma, donde era el médico imperial que atendía al emperador Marco Aurelio, y es llamado el padre de la fisiología experimental.*

De modo que Juan, el escritor del evangelio, está utilizando terminología de la medicina antigua para referirse a la manera en que Jesús mezcló el lodo con su saliva para crear un ungüento medicinal para los ojos del hombre ciego. El texto de Juan en griego antiguo señala específicamente que Jesús utilizó sustancias naturales en una forma medicinal, combinándolas con poder espiritual sobrenatural para sanar los ojos del hombre ciego.

Jesús utilizó tanto lo natural como lo espiritual para sanar al hombre ciego (esto es, la unción para sanar fluyó a través de una sustancia natural). De igual manera, en el Antiguo Testamento vemos el remedio bíblico por el cual Naamán se curó de la lepra cuando utilizó la sustancia natural de las aguas del río Jordán para lavarse.

Más adelante exploraremos con profundidad tanto el tiempo como el camino de la sanidad de Dios. Pero ahora, volvamos a los misterios escondidos del remedio bíblico que encontramos en la Torá, o sea, en los primeros cinco libros del Antiguo Testamento. Allí veremos cómo Dios revela, tanto en la Torá como en otros lugares del Antiguo Pacto, la forma en que podemos vivir saludablemente por medio de sus ordenanzas y revelaciones sobre qué comer y cómo vivir en las bendiciones del remedio bíblico.

2

SECRETOS DE LA SANIDAD DE DIOS EN EL ANTIGUO PACTO

E n el Antiguo Pacto, el remedio bíblico revela algunos pensamientos acerca de los alimentos, así como el efecto que tienen en nuestra vida:

- Formas de evitar las enfermedades infecciosas.
- Pautas de aislamiento temporario o permanente de las infecciones.
- Higiene militar y procedimientos que eran utilizados por el ejército colonial bajo el mando de George Washington.
- Razones por las cuales evitar comer ciertos alimentos potencialmente dañinos.
- Prohibiciones en contra de comer ciertos alimentos grasos.
- Evitar el consumo de sangre.
- Alimentos saludables que pueden prolongar la vida y ayudar a prevenir enfermedades tales como el cáncer, la arterioesclerosis y las enfermedades cardiovasculares.
- El camino de Dios para sanar tanto a través de lo natural como de lo sobrenatural.

El *Tanach* judío, llamado también Antiguo Testamento o Antiguo Pacto por los cristianos, está plagado de revelaciones divinas acerca de la higiene, los alimentos sanos y la profilaxis o prevención de enfermedades. Como médico especializado en medicina preventiva, encuentro al Antiguo Testamento fascinante e

27

intrigante. A través de su antiguo texto hebreo, uno encuentra mucho secretos y misterios develados concernientes a lo que deberíamos comer, cómo evitar objetos contaminados y enfermos, y qué sustancias naturales son utilizadas por Dios para sanar y darnos su camino de sanidad.

A medida que exploramos el Antiguo Pacto juntos, deseo compartir con usted algunas de las fascinantes y revitalizantes revelaciones de la cura bíblica que lo guiarán a un estilo de vida saludable y le indicarán el camino de sanidad de Dios.

El Israel antiguo y la medicina

Curiosamente, como cultura, los antiguos hebreos tenían muy poco interés en la medicina o en los doctores. De hecho, no fue hasta el período helenístico posterior al año 300 a. de C. que la ciencia médica o los médicos gozaron de algún respeto o prestigio. T. A. Burkill, de la Universidad de Rhodesia, observa:

> «Hasta bien entrado el período helenístico, los médicos como tales gozaban de muy poco prestigio y estaban continuamente bajo sospecha de impiedad o de charlatanería. Los métodos de terapia eran de carácter fundamentalmente mágico o teúrgico, y las precauciones de higiene se veían reducidas a cosas tales como el limpiar a un niño recién nacido con agua, frotando su cuerpecito con sal, y envolviéndolo con tiras de tela.»[1]

El hecho de que los antiguos hebreos contemplaban a la medicina y a los médicos con sospecha hace que las revelaciones del remedio bíblico del Antiguo Testamento sean aún más asombrosas. El pensamiento de que los antiguos judíos miraban con recelo a los médicos está confirmado por el preciso texto de 2 Crónicas 16.12: «En el año treinta y nueve de su reinado, Asa enfermó gravemente de los pies, y en su enfermedad no buscó a Jehová, sino a los médicos.» Aparentemente Asa esperó hasta que ya no pudo controlar más su enfermedad para consentir que lo revisara un médico. ¡Me consuelo al notar que en 1 Reyes 15.23, cuando el escritor informa acerca de este incidente, tiene piedad de los médicos al relatar que Asa tenía un problema en los pies y no menciona para nada a ningún médico!

El respeto por los médicos
y la medicina entre los judíos

Bajo la influencia del helenismo, después que Alejandro Magno conquistara el mundo conocido en el año 333 a.c., los eruditos judíos, influenciados por el lenguaje y la cultura griega (helenismo), tradujeron los libros del Tanach (Antiguo Pacto o Testamento) y otros venerados escritos conocidos como la Apócrifa, del hebreo y del arameo al griego. Esta traducción era conocida como la Septuaginta (LXX). Uno de los libros de la Septuaginta revela el naciente respeto que comenzaban a recibir los médicos al final de la era comparado con las sospechas que los antiguos hebreos tenían de ellos. Eclesiástico 38.1-4 dice: «Da al médico, por sus servicios, los honores que mereces, que también a él le creó el Señor. Pues del altísimo viene la curación, como una dádiva que del rey se recibe. La ciencia del médico realza su cabeza, y ante los grandes es admirado. El Señor puso en la tierra medicinas, el varón prudente no las desdeña.»

Los hebreos no buscaban adquirir mayores conocimientos acerca de anatomía, ciencia, o el orden natural como lo hacían sus homólogos en las antiguas civilizaciones de Egipto, Mesopotamia, o Grecia. Más bien todo lo opuesto. Todo lo que pudiera ser sacado a la luz en los antiguos textos hebreos de la Biblia les tenía que llegar a través del conocimiento divino y sobrenatural revelado por Dios. De modo que lo que podamos desenterrar del Antiguo Testamento no surge de especulaciones humanas sobre la salud y la medicina sino más bien de la particular palabra de Dios acerca de su camino de sanidad para nosotros: su creación. Como creador, Dios sabe más acerca de nuestros cuerpos, Su creación, que lo que nosotros pudiéramos jamás descubrir ya sea por medio de la filosofía como de la ciencia. El conocimiento de Dios de nuestros templos (cuerpos físicos) y su cuidado se encuentra revelado en el Salmo 139.13-16:

«Porque tú formaste mis entrañas; tú me hiciste en el vientre de mi madre. Te alabaré; porque formidables, maravillosas son tus obras; estoy maravillado, y mi alma lo sabe muy bien. No fue encubierto de

ti mi cuerpo, bien que en oculto fui formado, y entretejido en lo más profundo de la tierra. Mi embrión vieron tus ojos, y en tu libro estaban escritas todas aquellas cosas que fueron luego formadas, sin faltar una de ellas.»

Dado que Dios creó nuestros cuerpos, Él sabe cómo mantenerlos y repararlos. El remedio bíblico contiene algunas claves increíbles para prevenir enfermedades y curar almas y cuerpos enfermos.

Salud e higiene

La Torá (Pentateuco), los primeros cinco libros de la Biblia, es conocida también como la Ley. Dentro de la Torá existen tres categorías de Ley—moral, de salud, y ceremonial. La rectitud del hebreo se basaba en guardar la Ley. Por supuesto, nadie podía ser justificado bajo la Ley ya que era imposible guardarla completamente. Todos pecaron y están destituidos de la gloria de Dios (Romanos 3.23).

Bajo el Nuevo Pacto, los cristianos guardan la ley moral de la Torá, la cual conocemos como los Diez mandamientos, pero no para poder ser justificados delante de Dios. Guardamos esa ley por medio del poder de su Espíritu, y sabemos que Cristo es nuestra justificación (Véase Zacarías 4.6; 1 Corintios 1.) Jesús, por medio de su Espíritu, nos da poder para que guardemos la ley moral. Él vino no para destruir la ley, sino para cumplirla (Mateo 4.17).

תורה **Torá**

Torá significa «enseñanza» o «instrucción». Debido a la constante desobediencia de Israel, los profetas anhelaban el momento en que, una vez más, la ley de Dios saldría directamente de Jerusalén (Isaías 2.3). Entonces Dios mismo enseñaría y juzgaría de acuerdo con la ley. En Isaías 42.3-4, el profeta revela que la tarea del siervo de Jehová será la de traer justicia de acuerdo con la verdad y de impar-

> *tir una nueva enseñanza o ley. Su ley sobrepasará a la ley de Moisés. No estará en desacuerdo con la ley antigua sino que le agregará. Su alcance será universal.*
>
> *Jeremías ve el establecimiento de un Nuevo Pacto en el cual la ley será escrita en el corazón (Jeremías 31.33). El hombre podrá obedecerle a Dios desde su vida interior hacia el exterior. Entonces, el verdadero propósito de la ley—el llevar al hombre a una vida fructífera y abundante de comunión con Dios—se cumplirá por completo.*[2]

La verdad revelada en el remedio bíblico dentro de las leyes de sanidad del Antiguo Pacto no ha dejado de tener vigencia bajo el Nuevo Pacto. Nuestra salud está aún protegida cuando guardamos las leyes del Antiguo Testamento. Nuestra justicia, sin embargo, no depende de si guardamos las leyes de sanidad u otras leyes, como lo era para los israelitas. Estas verdades están aún vigentes, y tenemos la responsabilidad de cuidar a nuestros cuerpos, los cuales son ahora los templos del Espíritu Santo. La cura bíblica revela ciertos secretos acerca de los alimentos y de la salud que nos instruyen acerca de cómo cuidar nuestros templos en el Nuevo Pacto.

La verdad acerca de las grasas

En el primer capítulo, eché los cimientos para comprender que la Torá prohibe el consumo de ciertos alimentos que contienen sustancias grasas nocivas (חלב) que contienen grasas saturadas LBD. ¿Por qué el remedio bíblico nos ordena que no consumamos estos alimentos grasos? En la Torá encontramos dos prohibiciones específicas:

> «*Estatuto perpetuo será por vuestras edades, dondequiera que habitéis, que ninguna grosura ni ninguna sangre comeréis.*»
> LEVÍTICO 3.17

> «*Habla a los hijos de Israel, diciendo: Ninguna grosura de buey ni de cordero ni de cabra comeréis.*»
> LEVÍTICO 7.23

31

¿Por qué esta prohibición de comer grasas es tan importante para nosotros? Más de un 53% de las personas en países altamente industrializados mueren de enfermedades cardíacas. Las enfermedades cardíacas por lo general son ocasionadas por los depósitos de grasa que se acumulan en las arterias, comenzando a menudo en los años de juventud. Los síntomas van desde la angina (tensión o presión en el pecho), hasta dolor agudo asociado con un ataque cardíaco, e insuficiencia cardíaca congestiva con acumulación de fluidos en el cuerpo. Los siguientes pasos dietéticos, los cuales están basados en el remedio bíblico ayudarán a que una persona pueda reducir su ingestión de grasas y obedezca la ley de Dios para su propio beneficio.

Reduzca su consumo de grasas de la siguiente manera:

- No coma carne magra más de tres a cuatro veces por mes.
- Utilice aceite de oliva y de canola.
- No consuma nada de carne tres días a la semana. En esos días coma solamente frutas y verduras.
- Coma pescado por lo menos dos o tres veces por semana, preferiblemente pescados de «agua fría», tales como salmón, bacalao, y arenque.

El evitar alimentos con grasas saturadas sirve de protección en contra del cáncer de próstata. El cáncer de próstata es actualmente el tumor más común en los hombres que no fuman. Atacará a más de un cuarto de millón de hombres anualmente y matará a más de cuarenta mil de ellos. Todos los hombres mayores de cincuenta y los menores que tengan una historia familiar de cáncer de próstata deberían hacerse el nuevo análisis de sangre (PSA).

Dios prometió en Éxodo 23.25: «Mas a Jehová vuestro Dios serviréis, y él bendecirá tu pan y tus aguas; y yo quitaré toda enfermedad de en medio de ti.» Note que Dios quita toda enfermedad, pero su bendición reside principalmente en los alimentos que elegimos. Ciertos alimentos contienen las sustancias de sanidad de Dios.

Todos los hombres deberían seguir los siguientes ocho pasos para ayudar a prevenir la formación del cáncer de próstata y para ayudar a curarlo si es que ya han contraído la enfermedad:

1- *Decrezca el consumo de grasas saturadas.* No coma carne magra más de tres o cuatro veces al mes. Evite los quesos y tome leche descremada. Las carnes rojas están especialmente vinculadas a un aumento en el riesgo de contraer la enfermedad. Evite la mayonesa, los aderezos cremosos y la mantequilla o manteca, debido a que contienen ácidos grasos. Use aceite de oliva y de canola.

2- *Antioxidantes.* Tome mucha vitamina C, E, y beta caroteno que se obtiene de las frutas y de las verduras amarillas, naranjas, y verde oscuro. Las almendras (alrededor de diez por día) son un buen suplemento de vitamina E. Agregue estos suplementos: C (1000 mg. dos veces al día); E (800 UI diarias [unidades internacionales]); beta caroteno (30 mg., 50.000 UI diarias).

3- *Calcio.* El calcio puede disminuir la formación de tumores y la acumulación del ácido graso que favorece la formación de estos. Obtenga el calcio del yogur descremado, del requesón no graso, o de la leche descremada. Agregue 1000 mg. de calcio (carbonato de calcio) diariamente a su dieta.

4- *Ajo.* Cuanto más ajo en nuestra dieta, menor la incidencia de cáncer. El ajo puede limitar notablemente el crecimiento de tumores, matar células cancerosas, y reducir tumores. Utilice una prensa de ajo o tome pastillas de ajo diariamente las cuales sean el equivalente a un diente de ajo. Ingiéralas en forma consistente.

5- *Vitamina D.* Los hombres pueden protegerse del cáncer de próstata ingiriendo altos niveles de vitamina D. Los que viven en climas cálidos y soleados tienen una menor incidencia de dicha enfermedad. El sol ayuda a que la piel produzca vitamina D, pero evite exponerse demasiado al sol. La leche descremada y el pescado son buenas fuentes de vitamina D. Tenga cuidado con los suplementos. Una dosis de 200 unidades internacionales por día puede ser tóxica. Obtenga su vitamina D de los alimentos.

6- *Té.* Ciertos compuestos en el té verde pueden inhibir el crecimiento de tumores. Tome dos tazas por día. Lipton y otras compañías producen esa clase de té.

7- *Soja.* Los productos de soja pueden limitar la propagación del cáncer y pueden detener su crecimiento temprano. El tofu o queso de soja y las hamburguesas de soja son dos fuentes de este alimento protector.

8- *Comino.* Esta especia puede prevenir el desarrollo del cáncer de próstata. Puede ser utilizado para condimentar verduras y otros platos diferentes.

Limpieza y cuarentena

El remedio bíblico les ordena a los antiguos israelitas que observen la limpieza y aseo personal y que pongan a los enfermos en cuarentena mucho antes que la ciencia descubriera las realidades de las enfermedades infecciosas.

La primera mención de limpieza en la Torá se encuentra en Éxodo 19.10: «Y Jehová dijo a Moisés: Vé al pueblo, y santifícalos hoy y mañana; y laven sus vestidos.» El lavado como rito de purificación, higiene y limpieza era recomendado por la Ley con referencia al cuerpo, la ropa, la vivienda y los alimentos.

Animales limpios (טהור) e inmundos (טמא)

Las listas de animales limpios e inmundos en Levítico 11 y Deuteronomio 14 tienen una importancia que es a menudo ignorada. Lejos de ser un catálogo de alimentos prohibidos basado en alguna moda o capricho, estas listas enfatizan un hecho real no descubierto hasta el último siglo y aún desconocido por muchos: los animales son portadores de enfermedades que son peligrosas para el hombre.

Hay cinco grupos generales reconocidos —*mamíferos, aves, reptiles, animales acuáticos, e insectos*— aunque no en estos términos precisos.

> *1- Mamíferos:* los animales limpios, con pelo, pertenecen a un tipo solamente, ya sean domésticos o salvajes. Se los conoce como rumiantes, o animales que rumian, y son aún nuestros productores más importantes de carne. Algunos otros son más considerados como comestibles, pero era más seguro tener una simple regla —cualquier mamífero limpio tenía la pezuña partida y rumiaba. Todos aquellos que tenían solo una de esas características quedaban fuera, y son mencionados tres animales con dichas características: la liebre, el conejo, y el cerdo. El propósito principal era probablemente el excluir al cerdo, el cual se sabe en la actualidad que es el

huésped de diversos parásitos humanos graves. El cerdo no es peligroso sólo cuando está bien cocinado. Es más, el cerdo es un animal carroñero y puede transmitir otras enfermedades en forma mecánica.

2- *Aves:* las aves son mucho más variadas y no pueden ser clasificadas específicamente. Se nombran los tipos de aves prohibidas; todas las demás se pueden comer. Algunos de estos nombres son muy difíciles, con ninguna ayuda en el contexto del lenguaje, y las traducciones varían muchísimo. Pero hay un consenso general que las aves prohibidas son las de rapiña —los cuervos y otras aves carroñeras y carnívoras.

3- *Reptiles:* se piensa que la lista de Levítico 11.29-30 consiste en su mayoría de reptiles, todos los cuales son prohibidos. En el versículo 42, se prohibe la víbora «...todo lo que anda sobre el pecho.»

4- *Animales acuáticos:* a pesar de que no se nombra a los pescados en ninguna lista, estos están incluidos en la clase más amplia de «todos los animales que viven en las aguas» (Levítico 11.9). En realidad, la calificación en este grupo es que los pescados «limpios» deberían tener aletas y escamas. Todos los crustáceos, mariscos, y similares son sabiamente excluidos.

5- *Insectos:* a pesar de su gran número, sólo se comen unas pocas clases de insectos, aún en países en los cuales escasean las proteínas animales. Las termitas (hormigas blancas) pueden ser útiles localmente, pero la familia de saltamontes —los cuales son fáciles de reconocer por su par de patas para saltar— es mucho más importante. Estos son los únicos insectos limpios en la ley mosaica, descritos por la pintoresca mas vívida frase: «...que tuviere piernas además de sus patas para saltar con ellas sobre la tierra» (Levítico 11.21). Las langostas (chapulines) son mejor llamadas «saltamontes gregarios», son totalmente vegetarianas y un alimento útil por su alto contenido de proteínas y calorías. En los países más cálidos, las langostas han sido un alimento muy común desde las épocas más antiguas, y es muy probable que hayan sido comidas regularmente en la marcha por el desierto.[3]

Algunas criaturas vivientes eran declaradas limpias (טהר) o inmundas (טמא). El texto en hebreo del remedio bíblico dice: להבדיל בין הטמא ובין הטהר Traducido, declara: «Para hacer diferencia entre lo *inmundo* y lo *limpio*...» (Levítico 11.47, cursiva añadida). Se podían comer los animales limpios mientras que los inmundos estaban prohibidos. Los cuerpos de seres humanos y de animales muertos eran declarados inmundos y no debían tocarse. Si esto ocurría, la persona era declarada inmunda hasta que llevara a cabo la purificación ceremonial según lo indicado. Aquí hay ejemplos de algunos de esos pasajes de la cura levítica con referencia a aquello que es inmundo:

> «*Asimismo la persona que hubiere tocado cualquiera cosa inmunda, sea cadáver de bestia inmunda, o cadáver de animal inmundo, o cadáver de reptil inmundo, bien que no lo supiere, será inmunda y habrá delinquido.*»
>
> LEVÍTICO 5.2

> «*Pero de los que rumian o que tienen pezuña, no comeréis estos: el camello, porque rumia pero no tiene pezuña hendida, lo tendréis por inmundo.*»
>
> LEVÍTICO 11.4

> «*Esta es la ley acerca de las bestias, y las aves, y todo ser viviente que se mueve en las aguas, y todo animal que se arrastra sobre la tierra, para hacer diferencia entre lo inmundo y lo limpio, y entre los animales que se pueden comer y los animales que no se pueden comer.*»
>
> LEVÍTICO 11.46-47

> «*Y todo aquello sobre que cayere algo de ellos después de muertos, será inmundo; sea cosa de madera, vestido, piel, saco, sea cualquier instrumento con que se trabaja, será metido en agua, y quedará inmundo hasta la noche; entonces quedará limpio.*»
>
> LEVÍTICO 11.32

> «*Y el sacerdote mirará la llaga en la piel del cuerpo; si el pelo en la llaga se ha vuelto blanco, y pareciere la llaga más profunda que la piel de la carne, llaga de lepra es; y el sacerdote le reconocerá, y le declarará inmundo.*»
>
> LEVÍTICO 13.3

> «*Esto comeréis de todos los animales que viven en las aguas: todos los que tienen aletas y escamas en las aguas del mar, y en los ríos, estos comeréis. Pero todos los que no tienen aletas ni escamas en el mar y en los ríos, así de todo lo que se mueve como de toda cosa viviente que está en las aguas, los tendréis en abominación…Todo lo que no tuviere aletas y escamas en las aguas, lo tendréis por abominación.*»
>
> LEVÍTICO 11.9-10, 12

«También el cerdo, porque tiene pezuñas, y es de pezuñas hendidas, pero no rumia, lo tendréis por inmundo.»
LEVÍTICO 11.7

Note que cierto tipo de animales eran inmundos y no se podían comer, particularmente el cerdo y mariscos tales como los langostinos (camarones o gambas) o las ostras (ostiones), los cuales no tienen escamas. ¿Por qué? El remedio bíblico revela los atributos potencialmente malsanos (inmundos) de estas carnes siglos antes de que la ciencia descubriera que el cerdo puede ser portador de la infección mortal llamada triquinosis y que los langostinos o mariscos retienen metales pesados —mercurio o plomo— en su carne.

Aquellos con enfermedades infecciosas tales como la lepra eran puestos en cuarentena para proteger al resto de la población. Anteriormente mencioné que la Torá prohibe comer grasa o sangre (Levítico 7.26). Esta prohibición de comer sangre coincide con nuestro conocimiento médico actual de que la sangre puede ser un vehículo para la propagación de enfermedades infecciosas. F. H. Garrison, en su clásico estudio sobre historia médica, escribe:

«Los antiguos hebreos fueron en realidad los fundadores de la profilaxis, y los sumos sacerdotes eran una verdadera policía médica. Ellos tenían una cura definitiva de higiene ritual y de limpieza... El libro de Levítico contiene las ordenanzas más severas en lo que se refiere a tocar objetos inmundos, los alimentos que se pueden comer, la purificación de las mujeres que han dado a luz, la higiene durante el período de menstruación, la abominación de las perversiones sexuales, y la prevención de enfermedades contagiosas. En el sorprendente capítulo acerca del diagnóstico y la prevención de la lepra, gonorrea y leucorrea (Levítico XIII:XV), se dan las más definidas reglas de sentido común con relación a la segregación, desinfección (aún al punto de raspar las paredes de la casa o de destruirla completamente), y al antiguo rito mosaico de incineración de las ropas del paciente.»[4]

En el estudio de la cura bíblica se puede descubrir un principio clave de la medicina: los derechos del individuo se ven limitados cuando su salud o su conducta ponen en peligro la salud de la sociedad colectiva. Esta noción de personalidad colectiva se ve también reflejada en el Nuevo Testamento. Pablo escribe: «Para que no haya desavenencia en el cuerpo, sino que los miembros todos se preocupen los unos por los otros. De manera que si un miembro padece, todos los miembros se duelen con él, y si un miembro recibe honra, todos los miembros con él se gozan» (1 Corintios. 12.25-26). La cura bíblica no sólo proveía para la salud y la sanidad del individuo sino también para la colectiva.

Las reglas de higiene del remedio bíblico que se encuentran en la Torá eran tan efectivas, ¡que el ejército colonial bajo el mando del general George Washington las seguía! El general Washington le ordenó al ejército bajo el mando del general McDougall que siguieran la higiene prescrita en la cura deuteronómica como reglas militares para la higiene y para el mantenimiento del orden en los campamentos. El remedio bíblico que Washington ordenó como procedimiento militar, declara:

> «Si hubiere en medio de ti alguno que no fuere limpio, por razón de alguna impureza acontecida de noche, saldrá fuera del campamento, y no entrará en él. Pero al caer la noche se lavará con agua, y cuando se hubiere puesto el sol, podrá entrar en el campamento. Tendrás un lugar fuera del campamento adonde salgas; tendrás también entre tus armas una estaca; y cuando estuvieres allí fuera, cavarás con ella, y luego al volverte cubrirás tu excremento; porque Jehová tu Dios anda en medio de tu campamento, para librarte y para entregar a tus enemigos delante de ti; por tanto, tu campamento ha de ser santo, para que él no vea en ti cosa inmunda, y se vuelva de en pos de ti.»
>
> DEUTERONOMIO 23.10-14

El general Washington observó específicamente:

> «En la historia de este pueblo, los soldados deben admirar la singular atención que se le prestaba a las reglas de sanidad. Ellos estaban obligados a lavarse las manos dos o tres veces al día. Las ropas con mal olor eran consideradas abominables: toda cosa que estuviera contaminada o sucia era completamente prohibida: y las personas que tuvieran llagas o enfermedades en la piel debían salir del campamento. Se ponía el mayor esfuerzo en conservar el aire que respiraban libre de infecciones. Se les ordenaba tener un lugar fuera del campamento adonde ir,

y tener una pala con la cual cavar de manera que cuando salían para aliviarse pudieran volverse y cubrir sus excrementos.»[5]

En los tiempos antiguos, el remedio bíblico ayudaba tanto a los sacerdotes como a la gente común a reconocer las enfermedades y evitar su propagación. Como descubriremos en las páginas a continuación, los alimentos que se comían en las dietas *kosher* recomendadas por la Torá ayudaban a prevenir las enfermedades mientras que mantenían la salud y la longevidad. Asimismo, el remedio bíblico observó enfermedades mentales tales como la depresión y reconoció los efectos curativos de la música en el tratamiento de ella. (Véase 1 Samuel 16.23.) Actualmente, es una práctica médica muy bien aceptada el integrar la música al tratamiento de pacientes con enfermedades crónicas o mentales.

Muchos de los alimentos que se encuentran en el Antiguo Testamento y que están prescritos por las leyes dietéticas, se pueden observar hoy en día en lo que describimos como la Dieta mediterránea, la cual describiré en detalle en el siguiente capítulo. Ahora, volquemos nuestra atención a algunas de las revelaciones contenidas en el remedio bíblico del Nuevo Testamento.

Jesús, el médico supremo

El remedio bajo el Antiguo Testamento revela muchos maneras naturales que Dios ha entretejido en la tela de la creación, particularmente por medio de la comida y de la higiene, para ayudarnos a caminar en nuestro camino de sanidad. Recuerde que nuestro camino de sanidad contiene tanto la formas naturales como las sobrenaturales en que Dios sana. Jesús, como el médico supremo, concentró la mayor parte de su temprano ministerio en dos actividades: sanar y enseñar.

El hecho de que Él era continuamente llevado por la compasión a sanar nos indica esta realidad del remedio bíblico: Jesús desea que tengamos buena salud y que seamos sanados de toda enfermedad. Esta verdad está dramáticamente demostrada en el encuentro de Jesús con un leproso:

«*Vino a él un leproso, rogándole; e hincada la rodilla, le dijo: Si quieres, puedes limpiarme. Y Jesús, teniendo misericordia de él, extendió la mano y le tocó, y le dijo: Quiero, sé limpio. Y así que él hubo hablado, al instante la lepra se fue de aquél, y quedó limpio.*»

Marcos 1.40-42, énfasis añadido

Jesús se consideraba un médico de cuerpos y de almas:

«*Al oír esto Jesús, les dijo: Los sanos no tienen necesidad de médico, sino los enfermos.*»

Mateo 9.12

«*Al oír esto Jesús, les dijo: Los sanos no tienen necesidad de médico, sino los enfermos. No he venido a llamar a justos, sino a pecadores.*»

Marcos 2.17

«*Él les dijo: Sin duda me diréis este refrán: Médico, cúrate a ti mismo; de tantas cosas que hemos oído que se han hecho en Capernaum, haz también aquí en tu tierra.*»

Lucas 4.23

En realidad, Jesús es el Mesías visto en forma profética en Jeremías 8.22: «¿No hay bálsamo en Galaad? ¿No hay allí médico? ¿Por qué, pues, no hubo medicina para la hija de mi pueblo?»

El ministerio de Jesús tenía, como meta principal, el restaurar la salud de los cuerpos enfermos y de las almas atormentadas. Dondequiera que Jesús fuera en los evangelios, actuaba como el gran Médico. En los cuatro evangelios hay cuarenta y un diferentes relatos de sanidades físicas y mentales (con un total de setenta y dos relatos en total, contando las duplicaciones). En muchas de las historias, no sólo se sanaba una persona sino multitudes enteras.

Σωζω — Cura, salva y sana

Ω *En el griego, existe una conexión simbiótica entre la salvación y la sanidad. Uno es salvado del pecado y del infierno para justicia y vida eterna. Pero σωζω también se refiere a curar una enfermedad. Una vida física es sanada de una enfermedad. (Véase Hechos 4.9; 14.9; Juan 11.12; Santiago 5.15.) En la resurrección, el cuerpo es resucitado y cambiado de mortal a inmortal. En los evangelios, la sanidad de Jesús utiliza la palabra σωζω dieciséis veces para referirse a la sanidad física y mental. A menudo, la fe está vinculada a la sanidad, y se habla de que la persona entera ha sido salva. (Véase Mateo 8.25; Lucas 7.50.)*[6]

En el primer capítulo he detallado algunas verdades importantes acerca del remedio bíblico que se pueden aprender del ministerio y de las enseñanzas de Jesús. Yo denomino a estas verdades, el *camino de la sanidad.* Deseo ahora explorar el camino de la sanidad en una forma más específica.

El camino de la sanidad del remedio bíblico

Es maravilloso poder leer en los evangelios acerca de las milagrosas sanidades de Jesús. Pero algunos se preguntan si Jesús es aún el gran Sanador. Hebreos 13.8 revela que: «Jesucristo es el mismo ayer, y hoy, y por los siglos.» Eso significa que el Mesías que sanaba dos mil años atrás aún sana hoy en día.

Cuando Jesús caminaba por las montañas de Palestina, la medicina sofisticada no existía aún. No habían equipos, computadoras, o laboratorios médicos. Sin embargo, la gente se sanaba sobrenaturalmente. Ellos también se curaban de otra manera por medio del camino de sanidad de Dios.

Por ejemplo, los diez leprosos fueron sanados «mientras iban.» El hombre ciego se curó cuando Jesús le aplicó lodo y saliva a sus ojos.

En la sociedad moderna actual, las sanidades suceden tal

como ocurrían en el antiguo mundo bíblico. Ocurren tanto a través de la unción de sanidad en la medicina natural como por medio del mover sobrenatural de la sanidad de Dios a través de su Espíritu Santo.

Deseo resumirle los principios del camino de sanidad del remedio bíblico.

1- *Dios tiene un camino de sanidad específico para usted*

Mientras que el testimonio de otros puede serle de estímulo, el camino de ellos puede no ser el suyo. Jesús le dijo al leproso en Lucas 17: «Levántate, vete [por tu camino] (αναστα πορευου)» (Lucas 17.19). *Camino* se puede traducir como «viaje o dirección de vida».

En otras palabras, Jesús no está especificando un camino o viaje cualquiera, sino que la forma específica y particular en que el leproso debe irse para poder caminar en su sanidad. Cristo desea que usted camine en su propio camino de sanidad, no en el de algún otro.

Tomemos otro ejemplo. Eliseo envía a su mensajero a decirle a Naamán: «Vé y lávate siete veces en el Jordán» (2 Reyes 5.10). No todo aquel que tenga lepra debe irse a lavar al río Jordán, sólo Naamán. Este era un camino específico de sanidad de Dios.

2- *Ore y busque a Dios para que le indique su camino de sanidad.*

Dado que Dios es un Dios infinito, Él posee maneras infinitas de sanar. Las posibilidades de su sanidad no se ven limitadas por el tiempo o por un método. Ya que, como su Creador, Él conoce cada molécula de su ser, Dios sabe exactamente cuál es su remedio bíblico. (Véase Salmo 139.13-16.) De modo que búsquelo para que le indique cuál es su camino. Santiago escribe: «¿Está alguno enfermo entre vosotros? Llame a los ancianos de la iglesia, y oren por él…» (Santiago 5.14). ¿Está usted orando y buscando a Dios para su remedio bíblico, su camino específico y particular de sanidad?

3- *Dios utiliza lo natural y lo sobrenatural para sanar.*

No limite a Dios a sus expectativas de cómo Él debe sanarlo. Como médico cristiano, veo que las personas cometen este error una y otra vez. Vienen a verme con una idea predeterminada de cómo esperan que Dios los sane. Al hacer esto, lo limitan y pueden perder completamente su forma de curar.

Recuerde, Jesús utilizó lodo y saliva para sanar al ciego en Juan 9. En Mateo 9, Él simplemente tocó los ojos de dos hombres ciegos. En Marcos 8, Jesús le escupió a un ciego en los ojos y le preguntó si veía algo. Cuando el hombre respondió que sólo podía ver hombres que parecían árboles caminando, Jesús le puso sus manos sobre los ojos, y él se recuperó.

En cada instancia, la misma enfermedad —ceguera— fue curada de diversas maneras. Usted puede tener el mismo tipo de cáncer que alguien que conoce, pero el remedio bíblico de esa otra persona puede ser diferente al suyo. Busque el camino de sanidad de Dios para usted. No busque el camino de otro.

4- *Su sanidad puede ser instantánea o un proceso.*

Usted puede desear curarse al instante, pero la manifestación de la sanidad puede ocurrir durante un lapso de tiempo. Recuerde, Dios dice que sus caminos no son los nuestros, y que sus pensamientos no son nuestros pensamientos (Isaías 55.8-9). Recuerde asimismo el pasaje en Daniel capítulo 10: se puede estar librando una gran batalla en los lugares celestiales para que se manifieste su sanidad.

Volquemos nuestra atención a algunas claves maravillosas del remedio bíblico que son reveladas en los escritos del médico antiguo, Lucas.

Lucas, el médico

Antes de examinar algunos alimentos específicos del remedio bíblico que poseen la capacidad de mantener la salud y de prevenir

EL REMEDIO BÍBLICO

enfermedades, exploraremos brevemente dos ideas muy interesantes.

Primero, Lucas, el escritor del Evangelio, era un médico que usaba lenguaje médico específico para describir el ministerio de Jesús y algunos de los eventos en el libro de los Hechos de los Apóstoles. Podemos descubrir ideas muy excitantes acerca de la sanidad en los textos griegos escritos por Lucas, el amado médico. (Véase Colosenses 4.14.)

Segundo, mencionaremos brevemente a la Apócrifa y al Talmud como textos antiguos que suplementan y amplían aun más el remedio bíblico.

Lucas residía en Antioquía, una de las grandes ciudades del imperio romano sobre una de las rutas de intercambio comercial entre Asia Menor y África. Fue educado y expuesto al mejor conocimiento médico de la época. Lucas utilizaba terminología médica griega, lo cual indicaba que estaba familiarizado con las enfermedades y condiciones médicas que describía. En realidad, «él utilizaba un lenguaje que sólo un médico educado utilizaría; un lenguaje que compartía los modismos médicos comunes de la época. La fraseología exhibe en forma consistente parecidos de estructura, estilo, y elección de palabras con aquellos que se encuentran en las obras de Hipócrates, Areteo, Dioscorides, y Galeno. Este análisis apoya fuertemente la opinión de que San Lucas era un médico muy educado en la tradición médica griega.»[7]

En los escritos de Lucas, el remedio bíblico revela algunas cosas muy interesantes. Los eruditos han notado por mucho tiempo los paralelos entre los evangelios sinópticos —Mateo, Marcos y Lucas. Estos tres primeros evangelios poseen muchos textos que se sobreponen y que tienen términos idénticos o casi idénticos. Esto ha llevado a que varios eruditos concluyan que el libro de Marcos es el evangelio más antiguo y que sirvió de esquema cronológico para los de Mateo y Lucas, que fueron posteriores.

Sin discutir más esta teoría, podemos observar que cuando Lucas está de acuerdo textualmente con Mateo y Marcos, él utiliza a menudo su propio lenguaje médico para describir los milagros de sanidad de Jesús en vez de utilizar los términos de Mateo o de Marcos. Su uso de la terminología médica griega nos lleva al descubrimiento de interesantes conceptos de la cura bíblica.

44

Υγιανω — Sea sano, fuerte

Ω *En el griego secular, υγιαινω se refiere a ser sano. La sanidad está considerada como un estimado arte y la salud, tanto del alma como del cuerpo, es importante. La Septuaginta habla de la salud cuarenta y una veces, y considera que υγιαινω es un don divino. En el Nuevo Testamento, υγιαινω se utiliza en los evangelios con referencia a Jesús como vencedor sobre el pecado y el sufrimiento. Él restaura la salud por medio de su Palabra. (Véase Mateo 12.13; Marcos 5.34; Lucas 5.31; Juan 5.9.) Al sanar a la persona en su totalidad, Jesús la libera para una nueva vida que abarca el cuerpo físico (Juan 7.23). Él les transmite su poder para sanar, o para integrar a la persona, a los apóstoles (Hechos 4.10).*[8]

Sea sano (υγιαινω). «Respondiendo Jesús, les dijo: Los que están sanos (υγιαινω) no tienen necesidad de médico (ιιατρος), sino los enfermos» (Lucas 5.31). Mateo 9.12 y Marcos 2.17 describen a «los que están sanos» con la palabra griega ισχυοντες, la cual significa «fuertes» no «sanos» (υγιαινω).

La cura bíblica revela que Jesús tenía una profunda compasión por curar a los que estaban enfermos. ¡Podemos suponer casi que, más allá de sanar, Jesús, el gran Médico, se preocupaba principalmente por la salud de la gente! ¿Por qué? Porque la gente sana puede testificar enérgicamente acerca de Jesucristo como Señor y Salvador. Ellos tienen la energía y la fuerza necesarias para trabajar en el reino de Dios, obedientes a su voluntad. Las personas sanas pueden ministrar y cuidar a los que están enfermos, son pobres y carenciados. ¡Qué mal testimonio daría yo como médico si mis pacientes me encontraran en mal estado de salud debido a que no cuidé del templo que ha creado la Palabra para mí y que está sostenido por Su Espíritu!

La terapia del médico (θεραπεια). Lucas utilizó algunos términos médicos griegos que no se encuentran en ninguna otra parte del Nuevo Testamento. Uno de tales términos es θεραπεια, del cual obtenemos la palabra «terapia». Así es que Lucas escribe:

45

«Y cuando la gente lo supo, le siguió; y él les recibió, y les hablaba del reino de Dios, y sanaba a los que necesitaban ser curados [terapia - θεραπεια].»
LUCAS 9.11

La palabra *terapia* se refiere a sanar, restaurar la salud, y realizar procedimientos médicos que traerán sanidad. Como el gran Médico, Jesús empleó los medios tanto sobrenaturales como los naturales que le dio su Padre para restaurarle la vista al ciego, sanar al leproso, y al enfermo de cuerpo y de alma. Desde la perspectiva de Lucas, podemos asumir que Jesús actuaba y sanaba como un médico—no como un mago o un charlatán. La sanidad de Jesús no era superstición u ocultismo, como decían los fariseos y líderes religiosos en sus acusaciones. (Véase Mateo 9.34.) Más bien, Jesús era el recipiente que contenía el poder creativo y restaurador de Dios para tomar a las criaturas quebrantadas y sanarlas por medio de la voluntad y del poder hacedor de milagros de su Creador.

Ιαομαι — Sanar o curar

Ω *El sustantivo ιατρος se traduce como «médico». El médico es el objeto, el recipiente, o instrumento de sanidad. Una persona es sanada o curada de una enfermedad física o liberada de males de todo tipo. Algunos judíos en los tiempos de Jesús creían que las enfermedades eran causadas por el pecado en la vida de la persona. De manera que la sanidad (ιαομαι) también incluía el ser curado de una herida causada en el alma por el pecado.[9]*

Jesús sana todas nuestras enfermedades. Lucas fue testigo de cómo Jesús curaba aflicciones físicas con síntomas definitivamente somáticos que describió con precisión médica. Lucas, el médico, usa la palabra ιαομαι muchas más veces que los otros escritores de los evangelios. Esta palabra significa específicamente «sanar o curar en el sentido médico», y proviene de la palabra griega ιατρος, que significa «médico». Las palabras *iatrogénico* y *pediatría* son derivadas de esta palabra. Aun más asombroso es que el sustantivo griego para sanidad es ιασις, el cual se encuentra sólo dos veces en el Nuevo Testamento (Lucas 13.32 y Hechos 4.22). De modo que, ¡sólo Lucas utiliza el término técnico y médico para sanidad (ιασις) en el Nuevo Testamento! *Jesús es el gran Médico*. Hay una sola referencia en los evangelios en la cual Jesús se refiere a sí mismo como médico:

> «*Él les dijo: Sin duda me diréis este refrán: Médico (Ιατρε), cúrate a ti mismo; de tantas cosas que hemos oído que se han hecho en Capernaum, has también aquí en tu tierra. Y añadió: De cierto os digo, que ningún profeta es acepto en su propia tierra.*»
> LUCAS 4.23-24

El remedio bíblico revelado en los escritos de Lucas nos conduce a algunas interesantes observaciones y descubrimientos. En resumen:

- La cura bíblica revela una antigua comprensión y apreciación por la medicina y por los tratamientos médicos, confirmando en el Nuevo Testamento y en el Antiguo que Dios utiliza tanto lo natural como lo sobrenatural para sanar.
- Jesús tenía compasión por los que padecían enfermedades tanto físicas como mentales. Y Él sanaba todas las enfermedades.
- El ministerio de Cristo puso énfasis y prioridad en sanar tanto lo físico como lo espiritual. Jesús desea salvar (σωζω) y sanar (σωζω) cuerpo, alma, y espíritu.
- Lucas retrata a Jesús, el gran Médico, como alguien que trataba a los enfermos como un médico, utilizando las más profundas habilidades naturales y dones sobrenaturales para introducir a las personas en sus caminos específicos de sanidad.

3

PRINCIPIOS DE DIOS QUE REVELAN SU CAMINO HACIA LA SANIDAD

E l remedio bíblico ha revelado seis principios específicos para identificar su propio camino de sanidad. En él, Dios puede sanarlo sobrenaturalmente de forma instantánea, o usted puede experimentar un proceso que combina su poder y sabiduría sobrenaturales con específicas acciones necesarias que debe tomar en forma natural para obtener su sanidad. Estas acciones pueden incluir cirugía, terapia, medicamentos o nutrición, ya sea en forma separada o combinada. El Espíritu Santo usará tanto la revelación bíblica del Antiguo Testamento como del Nuevo para conducirlo a través de su camino de sanidad.

Mientras que hay un orden determinado para estos principios, el Espíritu de Dios puede elegir utilizarlos de manera que se superpongan para conducirlo hacia su cura bíblica específica. La experiencia y el conocimiento de otras personas le pueden ayudar y servir de estímulo. Pero el camino de los demás, aún cuando hayan tenido síntomas o diagnósticos parecidos a los suyos, puede no ser el camino de Dios para usted. Estos principios de la cura bíblica le darán la posibilidad de caminar a través del camino de sanidad que Dios tiene para usted

Una de las primeras cosas que le aconsejo al paciente que está buscando a Dios para que lo guíe a un remedio bíblico es que se dé cuenta de la importancia de informarse acerca de las artimañas del diablo. Pablo da estas instrucciones: «...para que Satanás no gane ventaja alguna sobre nosotros; pues no ignoramos sus maquinaciones... Vestíos de toda la armadura de Dios, para que podáis estar firmes contra las asechanzas del diablo» (2 Corintios 2.11; Efesios 6.11). Lo primero que debe preguntarse una persona es: ¿Qué es lo que me ha atacado?

La medicina encara los problemas físicos en una forma parecida a través del diagnóstico del problema que aflige a la persona. De modo que cuando Satanás ataca a nuestro cuerpo, parte de ese ataque puede ser en el campo natural o físico. A través de la medicina, Dios nos ha dado ciertas habilidades y técnicas para diagnosticar las maquinaciones y estratagemas naturales que Satanás puede estar empleando para atacar a nuestro cuerpo.

Cuando una persona está físicamente enferma, puede ser que el diablo la esté atacando, pero también pueden existir otras causas para esa dolencia. Por ejemplo, a veces yo les explico a mis pacientes que es posible que hayan salido de debajo de la protección que Dios ha colocado sobre sus hijos. (Véase Job 1.10.) Cuando desobedecemos o ignoramos la voluntad de Dios para nuestra vida, podemos apartarnos de la mano de protección de Dios. Entonces seremos vulnerables a los ataques del diablo.

Podemos ser desobedientes cuando comemos alimentos que son malsanos, tales como los alimentos con alto contenido de grasas saturadas. O cuando no hacemos ejercicio y no nos mantenemos en buen estado físico. O hemos permitido tal vez que el pecado, la falta de perdón, las preocupaciones, o el estrés, hagan su obra de destrucción en nuestro cuerpo. Cuando no estamos bajo la protección de Dios, estamos expuestos a los ataques del «príncipe de la postestad del aire» (Efesios 2.2). De manera que nosotros podemos diagnosticar una enfermedad física, pero necesitamos también discernimiento espiritual para comprender que el ataque físico a nuestros cuerpos proviene del reino de las tinieblas. El diagnóstico médico no es suficiente para comprender nuestra enfermedad. No debemos ignorar las maquinaciones del diablo.

Es importante tener en cuenta que los justos, aunque debajo de la protección de Dios, pueden igualmente sufrir. En otras palabras, podemos ser atacados. La Biblia dice: «Muchas son las aflicciones del justo, pero de todas ellas le librará Jehová» (Salmo 34.19). Es posible que no entendamos el por qué de muchas de nuestras aflicciones. Sin embargo, una persona puede ser una amenaza tal al reino de las tinieblas que Satanás la ataca con todas sus artimañas. Aun así, creo que el cristiano que camina bajo la protección de Dios tiene la ventaja de tener revelación de Dios y por lo tanto puede vencer cualquier ataque del enemigo. «Porque mayor es el que está en vosotros, que el [Satanás] que está en el mundo» (1 Juan 4.4).

Cuando usted ha podido identificar qué es el ataque, entonces estará listo para aplicar los principios del remedio bíblico para develar el camino de sanidad de Dios para usted Examinemos cada principio del remedio bíblico.

Cuando un médico ha hecho un diagnóstico, se rige por un protocolo o grupo de regulaciones recopiladas por los expertos en medicina y basadas en el mejor consenso natural de conocimiento que ellos hayan adquirido. Pero la cura bíblica nos instruye que los caminos de Dios no son nuestros caminos y que sus pensamientos no son nuestros pensamientos (Isaías 55.8-9). El camino de sanidad de Dios no siempre sigue los estrictos protocolos de la medicina. Su sabiduría y conocimiento exceden por mucho a cualquier cosa que el conocimiento finito, la experiencia, o la investigación en el campo de la medicina hayan podido aprender. El remedio bíblico no pregunta lo que el doctor y la medicina desean que hagamos para sanarnos. La pregunta definitiva es: *¿Qué desea Dios que yo haga?*

¿Desea Dios que me afirme en su Palabra por fe mientras confieso que por sus heridas he sido sanado? ¿Desea combinar Dios su poder de sanidad sobrenatural con sustancias y tratamientos médicos naturales? La unción de Dios puede fluir a través de sustancias naturales (Juan 9.1-7). Las sustancias naturales pueden incluir a la medicina, la cirugía, los medicamentos, los elementos químicos en las plantas o una combinación de diversos elementos naturales que Dios ordena que se utilicen en el camino de sanidad específico de una persona.

En Filipenses 4.6 se nos instruye: «Por nada estéis afanosos.» En otras palabras, no debemos temer ni estar ansiosos por nada.

Para buscar a Dios en oración para que nos muestre nuestro camino de sanidad, el remedio bíblico insiste en que no nos preocupemos: *por nada estéis ansiosos*. ¿Cómo es posible? Esto nos lleva al primer principio esencial de la cura bíblica:

Principio n°1:
Eche toda su ansiedad sobre el Señor

El miedo, la ansiedad, y las preocupaciones pueden ser un obstáculo a nuestras oraciones buscando la guía del Espíritu para nuestro camino de sanidad. El remedio bíblico revela cómo librarnos del miedo:

> «*Echando toda vuestra ansiedad [todas sus preocupaciones, todos sus problemas, de una vez por todas], sobre él, porque él tiene cuidado de vosotros.*»
>
> 1 Pedro 5.7

Muy a menudo veo que mis pacientes están atados y consumidos por la ansiedad y el miedo. Han observado síntomas físicos en su cuerpo, y están preocupados y ansiosos por el diagnóstico negativo que han recibido del doctor. El miedo —el enemigo que debe vencer— es contraproducente tanto para su fe como para sus oraciones. La fe es «la certeza de lo que se espera, la convicción de lo que no se ve» (Hebreos 11.1).

Si usted está encarando tales preocupaciones y miedos, deseo asegurarle que por las heridas de Cristo usted ha sido sanado. Cuando tengo pacientes que están atemorizados, les cuento acerca de otros pacientes que Dios ha sanado. Les digo: «¡usted tiene que echar toda su ansiedad sobre el Señor *de una vez por todas!*»

Es probable que a un paciente con dolores abdominales, lo haga orar de esta manera:

> «Echo mi miedo acerca de este dolor en mi abdomen de una vez por todas sobre ti, Señor Jesús. Ahora aquí está; te lo doy a ti, Padre. Sé que me amas y que me cuidas. Tu amor perfecto echa fuera todo temor en mí. En el nombre de Jesús, y por sus llagas yo soy sanado. Amén.»

Asimismo, le prevengo a mi paciente que es muy probable que el miedo vuelva al ataque en un día o dos después de haber orado. De manera que le digo que *no* ore la misma oración acerca del miedo otra vez. En cambio, le explico que el diablo le está atacando la mente con temor y que su oración debería estar dirigida ahora contra él. Le recuerdo que él ya ha echado sus preocupaciones, miedos, e inquietudes sobre el Señor *¡de una vez por todas!* No necesita pues volver a hacerlo otra vez más. Ahora debe dirigir una reprimenda al diablo, diciendo: «Satanás, he echado la ansiedad acerca del dolor en mi abdomen sobre mi Padre celestial, tal como Él me ha dicho que haga. Él no me diría que eche mis preocupaciones sobre Él a menos que sea algo que yo puedo hacer. Por lo tanto, Satanás, tomo autoridad sobre ti, y te ordeno que dejes de atacar mi mente con pensamientos temerosos.»

Satanás puede regresar nuevamente unos días después con el mismo ataque de miedo. Una vez más, les recuerdo a mis pacientes que no deben volver a echar sus temores sobre el Señor nuevamente. Él ya ha echado fuera sus temores con Su amor perfecto (1 Juan 4.18). Después de haber reprendido al diablo dos o tres veces y atado los ataques a sus mentes, los pensamientos temerosos cesan; entonces mis pacientes encuentran la paz que sobrepasa todo entendimiento a través de Cristo Jesús. Yo sé que este principio de *echar todas nuestras preocupaciones sobre el Señor* pone a las personas en libertad para orar y pedirle a Dios por su cura bíblica. También libera su fe.

Principio nº 2:
Ore y pídale a Dios por su camino de sanidad

Volvamos a Filipenses 4.6 donde leemos: «Por nada estéis afanosos.» Cuando mis pacientes echan sus preocupaciones sobre Dios de manera que sus ansiedades no estorban sus oraciones, entonces están listos para orar y pedir a Dios de acuerdo al resto de los versículos 6 y 7:

> «...sino sean conocidas vuestras peticiones delante de Dios en toda oración y ruego, con acción de gracias. Y la paz de Dios, que sobrepasa todo entendimiento, guardará vuestros corazones y vuestros pensamientos en Cristo Jesús.»

Una *petición* es un pedido específico. Cuando un paciente tiene todo el diagnóstico disponible sobre su enfermedad, no ignora las artimañas y maquinaciones del diablo, y ha echado todas sus preocupaciones sobre el Señor, estará entonces equipado para orar específicamente y pedir a Dios con respecto al remedio que Él tiene para su caso.

Un paciente joven, de veinte años, me vino a ver. Padecía una enfermedad genética llamada *neurofibromatosis*. Esta es una enfermedad muy poco común. Se estudia acerca de ella en la escuela de medicina pero se le dedica solo por unas pocas horas, ya que es muy poco probable que uno vea un paciente con esta enfermedad en todo el curso de su práctica médica. Esta enfermedad estaba diezmando a toda la familia de este paciente. El desorden afecta a una de cada cincuenta mil personas. Hace que se formen tumores en los nervios, la piel y los órganos internos, lo cual a veces puede ser mortal. No hay una cura conocida para la neurofibromatosis. Este hombre no deseaba morir, al igual que otros miembros de su familia; su padre y su hermano ya se habían muerto, y su hermana se estaba por morir. Me dijo que Dios le había dicho que me viniera a ver. Revisamos toda la información que teníamos sobre la enfermedad y su ataque al cuerpo. Echando todo temor sobre el Señor, nos preparamos a orar por su camino de sanidad.

—Dr. Cherry —me dijo. —No deseo morir tan joven. Esta enfermedad está matando a toda mi familia. Necesito su ayuda.

En lo natural, como médico, estaba frustrado. Sabía que no existe ningún tratamiento medicinal para esta enfermedad. Cuando finalicé con la revisión, fui a mi oficina y comencé a orar: «Dios mío, ¿qué es lo que este hombre necesita saber? Él ya posee toda la información posible acerca de esta enfermedad. ¿Qué puedo hacer para ayudarlo?

El Señor me guió a mirar en el *Cecil's Textbook of Medicine* (Libro de texto de medicina de Cecil). Busqué allí la descripción de neurofibromatosis. El Espíritu Santo me dirigió a leer esa descripción médica a mi paciente y decirle qué es lo que causaba su enfermedad. Yo pensaba que él tenía toda la información necesaria para poder orar, pero Dios sabía que él necesitaba saber algo más. De manera que obedecí al Señor y le leí la descripción de su enfermedad. La descripción mencionaba que la punta del cromosoma 17 era genéticamente defectuosa en esta enfermedad. Cuando le leí la causa específica de su enfermedad, sus ojos se llenaron de lágrimas.

—Ésta es la razón por la cual vine aquí y por la cual Dios me dijo que lo venga a ver a usted —me dijo. —Le he estado preguntando a los doctores durante años qué es lo que causa mi enfermedad, y nadie jamás me lo ha dicho. Ahora que sé cuál es la causa específica —el defecto en el cromosoma 17— puedo orar por mi sanidad.

Luego continuó diciendo:

—No deseo morir una muerte temprana. Deseo servir a Dios. Hay muchas cosas que Dios desea que yo haga.

Dios había puesto en el espíritu de este hombre el deseo de orar específicamente por su camino de sanidad. Oramos juntos que el defecto del cromosoma 17 no se expresara en su cuerpo como tumores de neurofibroma.

Le dije:

—Usted y yo hemos orado juntos y pedido que este defecto no se exprese en su cuerpo. Ahora deseo que usted le hable al gen en el cromosoma 17 todos los días, y le diga que va a ser normal. Ordénele que se sane, en el nombre de Jesús.

Eso ocurrió hace cinco años. Hoy ese hombre goza de buena salud y sirve al Señor. Él oró y le pidió específicamente a Dios por su cura bíblica, y Dios le respondió su oración.

Principio n° 3:
Examine sus opciones por medio del Espíritu de Dios

Cuando oramos y le pedimos a Dios que nos revele su remedio bíblico, debemos permitir que el Espíritu Santo nos revele sus opciones y que detenga las alternativas contrarias a su voluntad. En Colosenses 3.15, Pablo escribe: «Y la paz de Dios gobierne en vuestros corazones.» O sea que, amplificando un poco nuestra comprensión del texto, la paz de Dios actúa como un árbitro en nuestros corazones, decidiendo y resolviendo definitivamente todas las dudas e interrogantes que puedan surgir. Debemos pedirle al Espíritu Santo que actúe como un árbitro para ayudarnos a decidir y resolver definitivamente las opciones que están delante nuestro, de manera que su paz pueda reinar en nuestros corazones. El Espíritu Santo de Dios nos ayuda a revisar nuestras posibilidades y decisiones —como un árbitro— hasta que encontramos una alternativa que traiga paz a nuestras vidas. Hasta que no se revele la cura bíblica completamente, nos sentiremos algo confusos e indecisos.

Al mismo tiempo que le estoy presentando a un paciente y orando con él todas las opciones de su camino de sanidad, estoy a la misma vez examinando esas alternativas. Debemos examinar cada alternativa que tengamos delante y preguntarnos: «¿Es esto lo que desea el Espíritu Santo que hagamos?» Cuando elegimos mal, debiéramos pedirle al Espíritu Santo que ponga una marca en nuestro espíritu, y que nos dé confusión y no paz. En Hechos 16.6 leemos: «Y atravesando Frigia y la provincia de Galacia, les fue *prohibido por el Espíritu Santo* hablar la palabra en Asia...» De aquí podemos aprender que el Espíritu Santo cierra las puertas o ciertas opciones en nuestra vida. Él pone un aviso en nuestros corazones para que no tomemos ciertas decisiones o para que no vayamos en una cierta dirección. Hay tanto una restricción del Espíritu Santo como hay también una paz que viene de Él. Podemos examinar nuestra comprensión de la guía del Espíritu Santo con esta pregunta: ¿Es esto de Jesús? ¿Es esto lo que Dios quiere?» Cuando el Espíritu Santo de Dios actúa como árbitro en nuestros corazones, su guía nos ayudará a experimentar su paz en cuanto a las posibles «puertas abiertas» que encontremos, y nos ayudará a reconocer que la confusión y agitación son alternativas perjudiciales para nuestra sanidad.

Por ejemplo, si una paciente tiene cáncer, ella puede verse frente a muchas alternativas —radiación, quimioterapia, cirugía, u otros tantos procedimientos médicos. ¿Debería no hacer ninguno —o tal vez una combinación de varios? ¿Cuántas sesiones de radiación o de quimioterapia debería tener si no existe un control de la evolución de su enfermedad? ¿O debería actuar por fe y esperar mientras que fortalece su sistema inmunológico por medio de una buena alimentación?

A menudo les digo a mis pacientes: «La razón por la cual usted está aquí, es porque desea averiguar si ya ha hecho todo lo posible y ahora lo que necesita es mantenerse firme en la paz que Dios le ha dado.»

He visto tantos cristianos que, en un estado de confusión, corren de una clínica a otra por todo Europa, el Caribe o México, tratando desesperadamente de forjar una cura milagrosa en vez de pararse firmes en el Señor, sabiendo que la cura bíblica para nuestras vidas está solamente en su sangre. Después de examinar todas nuestras opciones, el Espíritu Santo nos dará paz en cuanto a las que Él desea que sigamos, y podemos estar firmes en su conducción para nuestro camino de sanidad.

Principio nº 4:
Háblele a su monte

Ahora estamos listos para hablarle al monte. En vez de solamente orar, pedir, o examinar nuestras opciones, debemos ir un poco más allá en nuestro relación con Dios. Jesús nos enseñó a hablarle a nuestro monte y ordenarle a la enfermedad que se vaya:

> *«Porque de cierto os digo que cualquiera que dijere a este monte: Quítate y échate en el mar, y no dudare en su corazón, sino creyere que será hecho lo que dice, lo que diga le será hecho. Por tanto, os digo que todo lo que pidiereis orando, creed que lo recibiréis, y os vendrá.»*
> MARCOS 11:23-24

Cuando obedecemos estos tres principios iniciales, al alcanzar este punto ya sabemos lo que está maquinando el diablo... que es nuestro monte. El monte puede ser cáncer de ovarios, una arteria bloqueada o un tumor en el colon. Sea lo que sea, usted debe hablarle.

¿Y cómo le hablamos a nuestro *monte*? Si le estamos hablando a una arteria bloqueada, le decimos a ese bloqueo que se absorba y que haga una regresión. Le decimos a las plaquetas que no se coagulen ni formen una placa áspera en las paredes arteriales, lo cual podría formar un coágulo de sangre que traería como consecuencia un ataque de corazón o un derrame cerebral. En otras palabras, le hablamos directa y específicamente a nuestro monte, porque ahora sabemos qué es lo que estamos enfrentando, qué es lo que debemos orar, cuáles son las cosas que el Espíritu Santo quiere que hagamos y cuáles no, y cómo dejar que la paz de Dios gobierne en nuestros corazones.

Cuando le hablamos a nuestro monte, oramos específicamente por lo que el Espíritu Santo nos ha revelado. En vez de orar: «Dios, sana mi cuerpo», oramos: «Dios, estoy orando para que la placa que se está formando —ese plan y estratagema del enemigo— se revierta, que el colesterol se reabsorba, que no haya plaquetas que se adhieran o se unan para formar una placa arterial y obstruir el flujo sanguíneo. Tu Palabra me dice que la vida está en la sangre.»

Permítame que le dé otro ejemplo. Suponga que un paciente sabe que tiene un melanoma avanzado. El melanoma maligno es un tipo de cáncer de piel que puede extenderse rápidamente por todo el cuerpo cuando no se lo trata a tiempo. ¿Cómo le hablaríamos a este monte en forma específica? Deberíamos orar: «Padre, el melanoma, que no es más que una obra del reino de las tinieblas, ha atacado mi cuerpo. Estas células de melanoma canceroso se han dividido en una forma anormal en mi cuerpo y se han extendido a mi ganglios y a mis órganos vitales. Yo sé que tú, Dios mío, has creado dentro de mi cuerpo un sistema inmunológico con células diseñadas y creadas por ti para atacar y destruir estas células anormales. Por lo tanto, Padre, mi pedido y oración ante tu trono celestial, rogando por la sangre de Jesucristo, es que se active mi sistema inmunológico. Señor, yo le digo a mi sistema inmunológico: "¡Levántate! ¡Ataca a todas las células anormales y libra a mi cuerpo de este melanoma!" Además, Padre, te pido que el Espíritu Santo continúe guiándome a la verdad en cuanto a todo lo que debo hacer para mejorar y fortalecer naturalmente mi sistema inmunológico.»

He visto muchas veces lo que la medicina llama «remisión espontánea» —*yo lo denomino sanidad por el poder de Dios*— que ocurre cuando el paciente le habla al monte. Déjeme decirle que una remisión que dura por el resto de la vida de una persona es más que un misterio médico; *¡es un remedio bíblico!*

Principio n⁰ 5:
Persista y esté firme en su remedio bíblico

Una vez que el Espíritu Santo le ha revelado los pasos que debe tomar en la cura bíblica para su camino de sanidad, dándole paz, y una vez que usted le ha hablado al monte, entonces ya ha hecho *todo* lo que debe hacer; deber estar firme en el Señor.

En el capítulo 10 del libro de Daniel vemos cómo él persistió en la oración y se mantuvo firme en el Señor. Es posible que un paciente no vea una mejoría o sanidad inmediatas. Yo le digo a esa persona: «La razón por la cual usted está atravesando por esta situación es porque se está librando una gran batalla en los lugares celestiales. Los principados y potestades de las tinieblas están luchando en contra de su sanidad. En su cuerpo físico usted está sintiendo y experimentando la violencia de esa batalla espiritual. Usted es una amenaza para el enemigo y para el reino de las tinieblas. Pero si ha presentado su petición delante de Dios, su oración ya ha recibido su respuesta desde el primer día. Ahora está enfrentando un período de tiempo en el que debe persistir y estar firme para recibir su remedio bíblico.» Además, Daniel tuvo que esperar veintiún días mientras que Dios mandaba al arcángel Miguel a pelear contra las huestes de las tinieblas, para traer la respuesta a la oración de Daniel. Nosotros también tenemos que estar firmes como Daniel y persistir en oración, como lo hizo la viuda frente al juez injusto en el evangelio de Lucas:

> «*También les refirió Jesús una parábola sobre la necesidad de orar siempre, y no desmayar, diciendo: Había en una ciudad un juez, que ni temía a Dios, ni respetaba a hombre. Había también en aquella ciudad una viuda, la cual venía a él, diciendo: Hazme justicia de mi adversario. Y él no quiso por algún tiempo; pero después de esto dijo dentro de sí: Aunque ni temo a Dios, ni tengo respeto a hombre, sin embargo, porque esta viuda me es molesta, le haré justicia, no sea que viniendo de continuo, me agote la paciencia. Y dijo el Señor: Oíd lo que dijo el juez injusto. ¿Y acaso Dios no hará justicia a sus escogidos, que claman a él día y noche? ¿Se tardará en responderles? Os digo que pronto les hará justicia. Pero cuando venga el Hijo del Hombre, ¿hallará fe en la tierra?*»
>
> LUCAS 18.1-8

La fe —el confiar en Dios— requiere que persistamos en la oración y estemos firmes en el Señor como Daniel, como la viuda delante del juez y el ciego Bartimeo en el evangelio de Marcos:

> *«Entonces vinieron a Jericó; y al salir de Jericó él y sus discípulos y una gran multitud, Bartimeo el ciego, hijo de Timeo, estaba sentado junto al camino mendigando. Y oyendo que era Jesús nazareno, comenzó a dar voces y a decir: ¡Jesús, Hijo de David, ten misericordia de mí! Y muchos lo reprendían para que callase, pero él clamaba mucho más: ¡Hijo de David, ten misericordia de mí! Entonces Jesús, deteniéndose, mandó llamarle; y llamaron al ciego, diciéndole: Ten confianza; levántate, te llama. Él entonces, arrojando su capa, se levantó y vino a Jesús. Respondiendo Jesús, le dijo: ¿Qué quieres que te haga? Y el ciego le dijo: Maestro, que recobre la vista. Y Jesús le dijo: Vete, tu fe te ha salvado. Y en seguida recobró la vista, y seguía a Jesús en el camino.»*
>
> MARCOS 10.46-52

Si usted tiene revelación del Espíritu de Dios concerniente a su cura bíblica, ¿está dispuesto a persistir, manteniéndose firme en la promesa divina de sanidad para usted? Se nos ordena:

> *«Por lo demás, hermanos míos, fortaleceos en el Señor, y en el poder de su fuerza. Vestíos de toda la armadura de Dios, para que podáis estar firmes contra las asechanzas del diablo. Porque no tenemos lucha contra sangre y carne, sino contra principados, contra potestades, contra los gobernadores de las tinieblas de este siglo, contra huestes espirituales de maldad en las regiones celestes. Por tanto, tomad toda la armadura de Dios, para que podáis resistir en el día malo, y habiendo acabado todo, estar firmes.»*
>
> EFESIOS 6.10-13

Recuerde: Dios no se retrasa en curarlo. Es más, su sanidad fue ya comprada en la Cruz hace 2000 años atrás. Su sangre derramada lo ha sanado. Isaías nos reveló proféticamente: «Mas él herido fue por nuestras rebeliones, molido por nuestros pecados; el castigo de nuestra paz fue sobre él, y por su llaga fuimos nosotros curados» (Isaías 53.5; compárese con 1 Pedro 2.24). De manera que cuando oramos por nuestra cura bíblica, estamos orando por la manifestación de la sanidad de Dios que ya ha tenido lugar en la cruz por medio de la sangre de Jesucristo. En su amor, el Padre nos revela nuestro camino de sanidad por medio de su máxima cura bíblica: la sangre derramada de Cristo.

Principio nº 6:
Mantenga una actitud violenta en contra de las obras del reino de las tinieblas

Para poder continuar siendo persistentes y estando firmes, debemos mantener una cierta actitud. El mayor peligro a esta altura es que el paciente se vuelva pasivo, se dé por vencido o no quiera pelear la batalla. Debemos ser batalladores, aun violentos, en nuestra persistencia. «Desde los días de Juan el Bautista hasta ahora, el reino de los cielos sufre violencia, y los violentos lo arrebatan» (Mateo 11.12).

Como cristianos, en el pasaje de Mateo estamos llamados a proceder de una manera única e inusual. Nuestra manera usual de vivir como cristianos es dando fruto del Espíritu con toda humildad: «Mas el fruto del Espíritu es amor, gozo, paz, paciencia, benignidad, bondad, fe, mansedumbre, templanza; contra tales cosas no hay ley. Pero los que son de Cristo han crucificado la carne con sus pasiones y deseos. Si vivimos por el Espíritu, andemos también por el Espíritu» (Gálatas 5.22-25).

Nosotros manifestamos esos rasgos característicos, los cuales son la naturaleza de Cristo en nosotros, frente a nuestros semejantes. Pero a las artimañas y estratagemas del diablo, le manifestamos violencia. Cuando tenemos que lidiar con las obras del diablo y de las potestades y principados de las tinieblas, debemos tener una actitud de violencia y levantarnos en contra de la oscuridad.

¿Cómo nos ponemos violentos en contra del reino de las tinieblas? Recordemos que el reino de los cielos se encontraba originalmente en la tierra. Tanto Adán como Eva gozaban de perfecta salud; no había ninguna enfermedad, dolencia, o aflicción presentes. Mas ahora, debido al pecado y a nuestra naturaleza caída, el diablo nos ha robado lo que es nuestro. Debemos, pues, recuperarlo con violencia. De modo que declaramos por fe en el nombre y autoridad de Jesucristo: «¡No, diablo! En el nombre de Jesús, me niego a aceptar esta enfermedad en mi cuerpo. En el nombre de

Jesús, le ordeno a esta aflicción que se vaya. Mi cuerpo es el templo del Espíritu Santo. No voy a tolerar este ataque del enemigo contra mi cuerpo. La enfermedad no tiene ni derecho ni autoridad de existir en mi cuerpo, el templo del Espíritu Santo, porque yo ya he sido sanado por las llagas, por medio de la sangre derramada de Jesucristo. En el nombre de Jesús, yo reprendo a esta enfermedad.»

Esta actitud violenta es necesaria para oponernos a las huestes de maldad, tomando toda la armadura de Dios, la cual es Jesús mismo, y habiendo acabado todo, ¡estar firmes! ¡Sea batallador y defiéndase!

Observe la actitud de los cuatro leprosos de 2 Reyes 7.3-5:

> «Había a la entrada de la puerta cuatro hombres leprosos, los cuales dijeron el uno al otro: ¿Para qué nos estamos aquí hasta que muramos? Si tratáremos de entrar en la ciudad, por el hambre que hay en la ciudad moriremos en ella; y si nos quedamos aquí, también moriremos. Vamos, pues, ahora, y pasemos al campamento de los sirios; si ellos nos dieren la vida, viviremos; y si nos dieren la muerte, moriremos. Se levantaron, pues, al anochecer, para ir al campamento de los sirios; y llegando a la entrada del campamento de los sirios, no había nadie allí.»

A la persona que ya ha hecho todo, la animo a que tenga esta actitud batalladora, aun violenta. No se quede sentado esperando la muerte. Si Dios tiene cosas para que lleve a cabo en esta vida, sirviéndole y glorificándolo, vaya por ellas. Habiendo hecho todo, esté firme en su remedio bíblico y ataque el reino de las tinieblas con una actitud violenta. Resumamos pues, estos principios una vez más:

1- Eche toda su ansiedad sobre el Señor (1 Pedro 5.7).
2- Ore y pídale y Dios por su camino de sanidad (Filipenses 4.6-7).
3- Examine sus opciones por medio del Espíritu de Dios (Hechos 14.27; 6.16; Colosenses 3.15).
4- Háblele a su monte (Marcos 11.23-24).
5- Persista y esté firme en su cura bíblica (Daniel 10; Marcos 10.46-53; Lucas 18.1-8).

6- Mantenga una actitud violenta en contra de las obras del reino de las tinieblas (Mateo 11.12).

Cuando vivimos una vida cristiana tendremos delante nuestro el camino de sanidad de Dios. Por medio de la sangre de Jesucristo, el remedio bíblico de Dios está al alcance de todo aquel que confía en Jesús como Señor y Salvador.

REGISTRO DE SANIDADES POR MEDIO DEL REMEDIO BÍBLICO

He podido observar que muchos de mis pacientes, a medida que aprendieron a vivir siguiendo los principios que revelan el camino de sanidad de Dios, alcanzaron una salud completa. Cuando aprendieron a identificar su plan específico para ellos y aprendieron a hablarle al monte de enfermedad y ordenarle que se sometiera al plan de Dios, encontraron la sanidad que ellos estaban buscando con tanta desesperación.

Quizás usted esté buscando desesperadamente el camino de sanidad de Dios para su propia vida. Yo lo animo a que siga buscando; Dios tiene un camino sólo para usted. Permita que las historias en este capítulo le den una nueva esperanza mientras lee cómo diez individuos aprendieron a utilizar los principios de Dios para vencer el ataque del enemigo contra sus cuerpos. Ellos son victoriosos y hoy están terminando la carrera con gozo. *¡Usted puede también hacerlo!*

El remedio bíblico para la diabetes

La Sra. B., una señora cristiana firme, vino a la clínica luego que le habían diagnosticado, dos años antes, diabetes. Su médico le dijo que probablemente iba a tener que estar medicada por el resto de su vida, y ella aceptó su diagnóstico. Pero dado que era una cristiana muy sólida, ella comenzó a estar firme en su fe y en su creencia en Dios como su Sanador. Concurrió a varios cultos de sanidad, y en uno de ellos creyó que Dios le había revelado que había sido curada de su diabetes. Después de recibir oración, dejó de tomar su medicamento. Después de unas pocas semanas, comenzó a sentirse muy débil. Eventualmente tuvo que regresar a su médico, quien la internó y comenzó a administrarle insulina. A este punto, el futuro se veía muy incierto. No sólo que su diabetes estaba peor que nunca, sino que también tenía ahora síntomas de neuropatía periferial, con cosquilleo y falta de sensibilidad en sus piernas y extremidades inferiores. Además, su fe en Dios se veía muy turbada por su experiencia en aquel culto de sanidad.

Realmente, cuando ella llegó a nuestra clínica, su situación no era muy prometedora. Tenía síntomas severos, estaba desanimada, sin esperanzas, y su fe había disminuido mucho. ¿Existía un remedio bíblico para su problema? ¿Había un camino para su sanidad?

Después de examinarla, Dios nos dio instrucciones precisas para compartir con ella. Tenía que hacer ciertas cosas muy específicas. Debía iniciar un programa de suplementos, incluyendo altas dosis de antioxidantes, para proteger las arterias y otros órganos de su cuerpo. Además debía recibir altas dosis de vitamina B para su neuropatía, y se le dijo que comenzara a tomar diariamente 1000 microgramos de cromo. Estas sustancias eran todas naturales, derivadas de los alimentos y de otras fuentes, pero en dosis más altas y concentradas debido a su condición. Se le dijo además que debía bajar de peso y se le dio un plan de alimentación, el cual es considerado hoy como la dieta ideal: la Dieta Mediterránea.

Para darle esperanzas, la llevamos a la Palabra de Dios y le explicamos la diferencia entre la sanidad en Marcos, capítulo 10, la del ciego Bartimeo —quien fue sanado sobrenaturalmente por medio de la palabra de Jesús y por su fe— y la del hombre ciego en Juan, capítulo 9, donde la unción de Jesús fluyó a través de una sustancia natural (lodo y saliva). La sanidad de este hombre fue el resultado de un proceso (mientras iba por *su camino* al estanque de Siloé). Le señalamos a esta señora que ella también sería sanada; en realidad, *ya había sido sanada* hace 2000 años atrás, por medio de la sangre de Jesús. Ahora estábamos orando por la completa manifestación de esa sanidad en su cuerpo. Le explicamos que algunas personas eran sanadas, cuando recibían oración, en forma sobrenatural por medio de su fe y de la imposición de manos; pero que en otros casos la sanidad es un proceso y fluye a través de las sustancias naturales cuando una persona obedece las instrucciones de Dios. La animamos a seguir los principios de hablarle al monte, persistiendo y estando firme en el remedio bíblico, manteniendo una actitud violenta contra las obras del reino de las tinieblas (vea en el capítulo 3 los seis principios de sanidad). Asimismo le restituimos la dosis oral diaria de medicación para la diabetes.

Después de varios meses, ella regresó a la clínica. Su nivel de azúcar en la sangre era normal. Le hicimos un análisis de sangre conocido como *hemoglobina A1C,* el cual proporciona el promedio de nivel de azúcar en la sangre en las últimas semanas, y también dio normal. Había perdido bastante peso y, por lo tanto, le redujimos a la mitad la dosis de medicación oral para la diabetes.

En obediencia, ella continuó con este programa, con renovadas esperanzas en el poder sanador de Jesús. Después de otros tres meses, volvió a la clínica y su nivel de azúcar en la sangre estaba aún más bajo, como así también el análisis de sangre hemoglobina A1C. Le dijimos que no continuara tomando los medicamentos y que sí continuara con las otras sustancias naturales. Su sanidad era manifiesta. La falta de sensibilidad, por el daño a los nervios en sus piernas, había desaparecido casi por completo. No solo tenía fuerzas físicas renovadas sino también una fortalecida fe en Dios como su Sanador, habiendo entendido que la cura para su enfermedad estaba basada en un *proceso,* a medida que la unción sanadora fluía a través de los varios pasos naturales que ella siguió para sanarse.

El remedio bíblico para enfermedades cardíacas

El Sr. S., un caballero de mediana edad, viajó de otro estado a nuestra clínica en Houston y nos contó una historia muy interesante. Había desarrollado progresivamente una tensión y presión en el pecho, aun después de realizar un mínimo esfuerzo. Había consultado con su médico clínico local, quien lo mandó a ver a un cardiólogo. El cardiólogo le hizo varias pruebas y encontró que tres de sus arterias coronarias estaban bloqueadas, por lo cual le recomendó cirugía inmediata. Este caballero era un cristiano avezado, como también lo era su esposa, y al comenzar a orar acerca de la cirugía, no sintieron paz. Buscaron la opinión de otro cardiólogo. Este, luego de revisar las pruebas anteriores y realizar otras nuevas, estuvo de acuerdo con el diagnóstico previo. De nuevo se le dijo al paciente que, si no se hacía una operación de *by-pass*, era probable que no viviría por mucho más tiempo.

Una vez más, ni el paciente ni su esposa sintieron paz acerca de esto, aunque tampoco sintieron paz de ignorar la situación. En sus espíritus sentían que había algo más que necesitaban hacer, pero no estaban seguros de qué rumbo tomar.

Habían escuchado acerca de nuestra labor con pacientes cardíacos y de nuestro éxito en revertir enfermedades cardíacas y bloqueos arteriales, de modo que nos trajeron un legajo con la información de varios procedimientos, incluyendo cateterismos cardíacos, estudios nucleares, ecocardiogramas y muchas otras pruebas médicas muy sofisticadas.

Me senté con el paciente y su esposa y revisé toda la información previa, sobre todo las recomendaciones de los cardiólogos anteriores. Si consideramos el entrenamiento médico tradicional, lo lógico hubiera sido enviar a este hombre a un cirujano cardiovascular para que le hiciera una operación de triple *by-pass*.

Por otra parte, yo no sentía paz en mi espíritu con respecto a la cirugía. En muchos otros casos, con datos casi exactos, había recomendado cirugía a mis pacientes y ellos estaban muy bien. En otros casos, sin embargo, aun con la misma información médica y los mismos datos, el tratamiento es diferente. Ahora debíamos decidir qué camino tomar. Él no sentía paz de operarse, mas todo en su planilla y todo los dictados de la medicina moderna nos decían que debería hacerse un *by-pass* para incrementar el flujo de sangre al músculo del corazón, antes de que ocurriera algún daño irreparable. Había llegado el momento de obedecer el principio de examinar todas las opciones a la luz del Espíritu Santo.

Después de examinar los resultados de las pruebas, me fui a mi oficina, cerré la puerta y comencé a orar, pidiéndole a Dios que me diera el preciso camino de sanidad para este paciente. Sentí un fuerte mover del Espíritu Santo, quien me reveló que este hombre debía seguir un tratamiento específico, pero no cirugía. Llamé al hombre y a su esposa a mi oficina y les compartí lo ocurrido; se les llenaron los ojos de lágrimas, ya que Dios les había dicho lo mismo. En casos como éste, nunca podemos saber, por supuesto, por qué el Espíritu Santo, el que «os guiará a toda la verdad ... y os hará saber las cosas que habrán de venir» (Juan 16.13), elige guiarnos en una cierta dirección. Sin embargo, sabemos que las cosas pueden ir mal durante una operación de corazón abierto, y los pacientes pueden sufrir serias complicaciones y consecuencias a raíz de la operación. Quizás este hombre nunca hubiera sobrevivido la operación, y sólo a través de la guía del Espíritu Santo pudimos evitar esa situación.

Dios nos trazó un programa único para este caballero. Debía tomar determinadas vitaminas: vitamina E para ayudar a prevenir el depósito de grasas en las arterias; ajo para prevenir la formación de coágulos de sangre en los bloqueos; una dosis reducida de aspirina (derivada de la corteza del sauce), lo cual evita que las plaquetas se aglutinen y formen un coágulo en las áreas ásperas de las arterias, y otras sustancias tales como Co Q-10, el cual se encuentra en diversos cereales tales como el salvado de trigo y puede fortalecer las contracciones del corazón. Se le dio también un programa específico de ejercicios físicos y le recetamos una dosis pequeña de medicamento para dilatar las arterias.

Este plan fue iniciado por el Espíritu Santo hace aproximadamente cinco años, y los dolores en el pecho de mi paciente han desaparecido por completo. Hace ejercicios con regularidad, y es activo en su iglesia y en actividades misioneras. Hubo un proceso de sanidad en este caso, lo cual involucró sustancias naturales, y «mientras iba, fue limpiado.»

El remedio bíblico para el cáncer de ovario

La Sra. K. fue diagnosticada con cáncer de ovario. Este tipo de cáncer es de alta mortandad y muy difícil de tratar y de controlar. Para cuando se diagnostica, ya se ha extendido a otros órganos en la cavidad abdominal. El diagnóstico de esta señora era sombrío y estaba desesperada por encontrar el camino de Dios para su sanidad. Ella era una cristiana muy fuerte y creía en el poder de Dios para sanar. Había orado mucho por esta situación y otras personas también lo estaban haciendo. El camino que llevó a su sanidad fue de lo más inusual.

Bajo la conducción del Espíritu Santo, las instrucciones fueron las de administrarle quimioterapia. Ella resistió la idea con su mente natural, pero luego de orar por ello, se sometió a la quimioterapia bajo la dirección de un famoso oncólogo de Houston, especializado en este tipo de tratamientos. Sin embargo, ocurrió algo muy peculiar. Ella estaba programada para toda una larga serie de tratamientos que durarían varias semanas; un plan de tratamiento que sabíamos que era lo que el Espíritu Santo nos había instruido a hacer. Sin embargo, al final de tres tratamientos el Espíritu Santo nos habló y nos dijo que interrumpiéramos la quimioterapia.

Obviamente, esto causó un tumulto en el centro de tratamiento del cáncer. ¡El médico estaba furioso! Las enfermeras también lo estaban. Esto era un desafío para sus mentes. Sin embargo, era obvio que Dios había cambiado las instrucciones. La señora se retiró de la clínica y suspendió la quimioterapia. Bajo nuestra supervisión comenzó un programa para fortalecer su sistema inmunológico. En última instancia, el cáncer es una falla en este sistema del cuerpo. Dios ha diseñado un sistema inmunológico activo capaz de reconocer a las células anormales y librar al cuerpo de ellas (Véase capítulo 6: «Pasos prácticos que usted puede tomar»).

Han pasado ya nueve años desde que esta señora fue diagnosticada con cáncer e inició su tratamiento. Está completamente libre de cáncer y sin ningún tipo de síntomas. La pregunta es: ¿Por qué la condujo Dios a hacerse quimioterapia y luego de solo tres tratamientos le ordenó que los suspendiera? Algunas personas aún cuestionan si quizás escuchamos mal a Dios cuando decidimos administrarle la quimioterapia al principio.

He orado cuidadosamente acerca de este caso a causa de su singularidad, y Dios me reveló precisamente por qué fueron dadas así las instrucciones. La quimioterapia es en realidad un veneno, y actúa como un arma de doble filo. Los elementos químicos en ella pueden realmente matar las células cancerosas, pero al mismo tiempo pueden debilitar el sistema inmunológico y matar las células blancas normales en el cuerpo. En el plan de Dios, esta señora recibió un determinado número limitado de tratamientos de quimioterapia para matar un gran número de células cancerosas. Sin embargo, no recibió tantos como para deprimir su propio sistema inmunológico o causar efectos secundarios tales como pérdida del cabello, nauseas u otros efectos secundarios comunes.

Al finalizar los tres tratamientos, las instrucciones de Dios fueron de aumentar la función del sistema inmunológico, y esto fue realizado por medio del uso de sustancias naturales. Lo que había ocurrido en realidad con la Sra. K. era que su sistema inmunológico había sido atacado por el cáncer cuando ella comenzó el tratamiento. Una vez que un gran número de células cancerosas se murieron, entonces el sistema inmunológico se fortaleció al punto que pudo vencer a las células anormales que aún permanecían en su cuerpo. Dios había dado las instrucciones precisas de comenzar la quimioterapia, administrarla tres veces, y luego cesar por completo.

La Sra. K. está completamente sanada. Sirve a Dios y lucha por «finalizar la carrera con gozo.»

El remedio bíblico para el cáncer de mama

La Sra. G. había sido diagnosticada tres años atrás con cáncer de mama. Le habían extraído el tumor, pero no todo el pecho. Sin embargo, después de una serie de exámenes, era evidente que a pesar de la extirpación de la masa cancerosa, los márgenes eran aún positivos. Eso significaba que aún había células cancerosas alrededor del borde del tumor, las que podrían seguir creciendo en su pecho. Dado que los médicos no habían podido quitar todas las células al extirpar el tumor, los cirujanos recomendaban ahora una mastectomía total, seguida por quimioterapia.

La Sra. G. no sentía paz y vino a nuestra clínica en Houston. Después de revisar la información médica, su caso parecía ser, una vez más, un caso muy grave.

Si se dejan células cancerosas en el cuerpo, estas pueden

continuar dividiéndose y haciendo metástasis, y llevan, eventualmente, a la muerte. Al hablar con esta señora y después de revisarla, no tuve la sensación de que el camino de Dios para ella fuera tener cirugía, quimioterapia u otros tratamientos tradicionales. Cuando oramos juntos ella sintió lo mismo, así que nos pusimos de acuerdo en seguir el tercer principio para encontrar el camino de su sanidad.

En este caso, las instrucciones de Dios fueron de mejorar su sistema inmunológico y fortalecer las células en su cuerpo para que luchasen contra las células cancerosas anormales. Nos pusimos de acuerdo en oración y, al mismo tiempo, seguimos las instrucciones específicas de Dios en cuanto a la nutrición y los suplementos que debería tomar. La pusimos en un plan alimenticio que utiliza alimentos que contienen sustancias químicas que combaten el cáncer, así como otros suplementos para fortalecer su sistema inmunológico.

Recientemente volví a ver a mi paciente y, después de tres años de tratamiento y de seguir las instrucciones detalladas anteriormente, ella está completamente sana. Su mamografía es normal y no hay absolutamente ninguna evidencia de cáncer en su cuerpo. Ella sabe en su espíritu, como lo sé también yo, que está libre de todo cáncer. La Sra. G. se evitó el trauma de una mastectomía total y de la quimioterapia cuando decidió seguir el plan específico de Dios para la sanidad de su cuerpo.

El remedio bíblico para la condición cardíaca mal diagnosticada

El pastor M. me informó que sentía una sensación rara en el pecho antes de tener que predicar. Él la describió como una leve presión o palpitación en el área pectoral. Había consultado con un médico que lo mandó a ver a un cardiólogo, el cual le detectó un espasmo en la arteria coronaria. Le recetó varios medicamentos y le dijo que limitara su actividad. Su compañía de seguros no lo quiso asegurar debido a los resultados de estos exámenes.

El pastor no se sintió bien con el diagnóstico. Se hizo una revisación. Él era un hombre vigoroso, lleno de Dios, y yo sabía que algo no estaba bien con el diagnóstico. Lo examiné y le realicé varias pruebas cardíacas, incluyendo una prueba máxima de estrés, las cuales dieron todas normales. Luego revisé todos sus estudios médicos previos, los cuales incluían dos cateterizaciones de corazón previas. En este caso, el diagnóstico estaba equivocado. Existía un pequeño espasmo en una de las arterias, pero había sido causado por la punta del catéter que fue utilizado para inyectar tintura en el corazón. No había bloqueo alguno en ninguna arteria. Es más, una segunda cateterización no reveló ninguna evidencia de espasmos, ni de bloqueo de arterias, ni de ningún otro problema en el corazón. El enemigo trató de utilizar este diagnóstico para traer desesperanza, pero la verdad de Dios prevaleció. Los síntomas originales (las palpitaciones y la presión en el pecho) eran simplemente de origen muscular.

Él hace mucho ejercicio, pero durante los exámenes descubrimos que tenía niveles muy elevados de colesterol. Dios nos dio, pues, instrucciones adicionales. Lo bueno era que su corazón era fuerte y que sus arterias estaban sanas. Pero a causa del elevado colesterol en el futuro se enfrentaría con una enfermedad cardíaca y un bloqueo en las arterias. En este caso, Dios utilizó un mal diagnóstico para alertarnos acerca de un problema futuro. De modo que iniciamos un tratamiento para reducir los niveles de colesterol en la sangre.

En este caso utilizamos un elemento químico derivado de una planta conocida como *aspergillus*. La píldora derivada de esta planta se toma una vez al día, y los estudios demuestran que este medicamento reduce el riesgo de un ataque al corazón o de un derrame cerebral en un 40% o 50%. El pastor recibió dos buenas noticias: (1) que no tiene problemas de corazón; (2) por obedecer a Dios, no tendrá problemas cardíacos en el futuro, ya que reconocimos el problema de colesterol y la provisión y el camino de Dios para reducir los niveles de colesterol.

El remedio bíblico para los nervios y músculos

El siguiente caso es el de la Sra. T., la cual había visitado a seis médicos diferentes quejándose de múltiples síntomas en su cuerpo. Ella sentía dolor en las articulaciones, se sentía continuamente fatigada y tenía molestias en diversos músculos. De hecho, se sentía tan mal que casi no se podía mover. Los médicos le hicieron varios exámenes de miles de dólares, pero no pudieron diagnosticar el problema. Algunos pensaban que tenía *lupus*. Otros pensaban que era artritis reumatoidea, y algunos otros pensaban que debía ser internada en una unidad siquiátrica.

Vino a la clínica convencida de que Dios tenía un camino para su sanidad, pero estaba desesperada por encontrar una respuesta. Comencé a hacerle preguntas y descubrí que sus síntomas habían comenzado repentinamente después de una gripe, dos años atrás. Se había curado de la gripe, pero le quedaron otros síntomas tales como molestias en los músculos, dolores en el cuerpo, y fatiga, los cuales fueron empeorando de a poco. Su vida estaba en ruinas, y su esposo ya no daba más. Habían orado juntos. Habían estado en cadenas de oración. Su pastor los había aconsejado, pero la sanidad no llegaba.

Le hice preguntas muy precisas acerca del comienzo de sus síntomas, y ella estaba segura que habían comenzado después de una cierta infección. Hasta se podía acordar del día y del mes en que había tenido la gripe. Comenzamos a revisarla y a orar al mismo tiempo buscando la guía del Espíritu Santo para llegar a la verdad acerca de su diagnóstico y tratamiento.

El diagnóstico era obvio. Tenía *fibromialgia*, una enfermedad «pariente» del síndrome de fatiga crónica, en el cual varios grupos de músculos se sensibilizan mucho al tacto. Los pacientes creen que tienen artritis, reumatismo u otras dolencias parecidas. Lo que en realidad ocurre con esta enfermedad, pienso, es que hay una reacción exagerada o una excesiva actividad del sistema inmunológico, a menudo después de una infección o de un acontecimiento estresante en la vida de una persona. Esta es la razón por la cual el Espíritu Santo me llevó a preguntarle acerca de la infección. Lo que ocurre con frecuencia es que hay una reacción exagerada del sistema inmunológico, el cual elimina el virus o la bacteria del cuerpo pero luego continua activado. Esto es lo que causa la sensibilidad en los músculos y la fatiga. Puede incluso afectar a las sustancias químicas del cerebro y causar depresión.

Cuando la Sra. T. comenzó a entender cuál era la naturaleza

de su problema, le nació una luz de esperanza. La Biblia nos dice que no ignoremos las maquinaciones o planes del enemigo. (Véase 2 Corintios 2.11.) Una vez que entendemos las artimañas del enemigo, podemos aplicar Marcos 11.23 y le hablamos directamente al «monte», que en su caso era un sistema inmunológico excesivamente activo.

Después Dios nos dio instrucciones de cómo orar, y nos mostró cómo había ungido ciertas sustancias naturales que le volverían a equilibrar el sistema. Volví a ver a esta señora varias semanas después de su primer visita, y sus síntomas habían desaparecido por completo. Parecía otra persona, con una fe renovada en Dios y con nuevas fuerzas físicas.

El remedio bíblico para la depresión

La Sra. W. vino a la clínica después de que dos médicos le habían diagnosticado depresión. Ella sufría severos cambios de humor y hasta parecía que toda su personalidad había cambiado. Era una cristiana avezada, con una personalidad muy dulce, pero por un período de aproximadamente doce meses esos cambios la habían convertido en una persona airada, paranoica y antisocial. Sus cambios de personalidad estaban poniendo mucha presión en lo que antes solía ser un matrimonio muy sólido. Su esposo me llamó la noche anterior a su visita y me dijo: «Tenemos que hacer algo, o no podremos seguir juntos por mucho tiempo más.»

¿Cómo puede el remedio bíblico intervenir en un caso como este? Examinamos a la señora y nos dimos cuenta enseguida, por revelación del Espíritu Santo, que a pesar de que ella sufría cambios de humor, estos no eran causados por depresión sino por un desequilibrio hormonal. Tenía unos de cuarenta y cinco años y los demás doctores no habían considerado la posibilidad de un problema hormonal debido a su edad. Pero los exámenes revelaron que ella tenía una deficiencia de estrógeno. Dios nos llevó a recetarle un estrógeno natural derivado de una planta.

En solo ocho semanas era otra persona. Era nuevamente una esposa cariñosa y una cristiana dedicada; los cambios en su cuerpo habían sido simplemente el resultado de cambios hormonales.

Dios colocó en plantas ciertos estrógenos llamados *fitoestrógenos*, los cuales pueden prevenir y hasta revertir los síntomas de la deficiencia de estrógeno, sin incrementar el riesgo de cáncer de mama u otro tipo de cánceres. Muchas veces los diagnósticos equivocados son ardides maliciosos de Satanás para mantener al pueblo de Dios en cautiverio y desesperanza, sin permitirle terminar la carrera con gozo.

El remedio bíblico para la artritis

La Sra. D. tenía alrededor de sesenta y cinco años y sufría mucho de una rodilla. Había ido a ver a dos cirujanos ortopédicos y ambos le habían recomendado cirugía para colocarle una rodilla ortopédica. Estaba llegando ya al punto en que casi no podía caminar. Se hallaba desesperada por encontrar una solución a este problema, pero no estaba convencida de la operación.

La examinamos y le realizamos varias pruebas, y descartamos la posibilidad de una enfermedad reumática u otros problemas físicos que le pudieran estar causando el problema en su rodilla. El diagnóstico fue: cambios osteoartríticos en la articulación, provocados por una disminución del cartílago. Esta es una forma de artritis que obedece al desgaste natural en las articulaciones. Le recetamos 1500 mg. diarios de glucosamina, divididos en varias dosis, y 1200 mg. diarios de sulfato de condroitina, también divididos en dosis.

Continuamos con este programa durante varios meses. Cuando ella regresó a la clínica, había una gran sonrisa en su rostro, y era obvio que caminaba en una forma muy diferente. ¡Ya lo creo que sí! El cartílago estaba muchísimo mejor, de modo que la cirugía no era necesaria, y ahora ella podía realizar normalmente sus tareas diarias.

El remedio bíblico para el cáncer de estómago

La Sra. P., una señora muy dulce de unos sesenta años, esposa de pastor, había sido diagnosticada con cáncer de estómago algunas semanas atrás. Estaba perdiendo rápidamente de peso y se encontraba cada vez más débil. Vino a la clínica junto con su esposo y la examiné. Hablamos en forma exhaustiva. Teníamos que recibir una palabra del Señor ya que su condición se estaba deteriorando rápidamente. Completé los exámenes pero estaba confundido porque sabía que algo faltaba. Tenía una fuerte impresión de que Dios deseaba sanarla, mas sentía que había un obstáculo que interfería con la manifestación de su sanidad.

Habíamos terminado con los exámenes médicos cuando Dios me habló de repente, y me reveló la razón por la cual esta señora no se curaba. Esta era una situación muy interesante, ya que era una de las mujeres cristianas más dulces y bondadosas que había conocido; irradiaba la ternura de Jesús. Dios me habló claramente y me reveló que ella no podía recibir su sanidad porque era demasiado mansa y tierna con el invasor de su cuerpo. Dios me impulsó a mandar a buscar a su esposo, quien era un dulce hombre de Dios, y él vino a mi oficina. Le pedí que se sentara y comencé a compartirle la razón por la cual su esposa no podía recibir su sanidad.

Cuando comencé a compartirle lo que Dios me había revelado acerca de la enfermedad de su esposa, sus ojos se llenaron de lágrimas, y asintió con la cabeza como confirmando lo que yo le estaba diciendo. Él ya lo sabía. Le dije que el Espíritu Santo me había revelado que ella no recibía su sanidad porque no tenía una la actitud batalladora necesaria para resistir la obra del enemigo en su cuerpo. Le recordé acerca del pasaje en Mateo 11.12, donde dice: «El reino de los cielos sufre violencia, y los violentos lo arrebatan.»

El problema básico de la Sra. P. era que ella era demasiado pasiva y aceptaba la enfermedad en su cuerpo. No se alzaba en contra del enemigo; no le hablaba ni le ordenaba con autoridad que dejase su cuerpo. Su esposo me dijo que él había estado tratando durante meses de ayudarla a tener esa actitud en su espíritu, pero que había sido en vano.

Unos meses más tarde, escuché que ella había fallecido. Muchos estudios seculares actuales demuestran que verdaderamente aquellas personas que tienen una actitud batalladora son, a menudo, las que vencen al cáncer y a otras enfermedades. Son los pacientes que no aceptan un tratamiento en forma pasiva, sino que luchan en contra de la enfermedad y literalmente batallan contra ella los que tienen más éxito que aquellos que la aceptan como su destino fatal.

El remedio bíblico para el sistema inmunológico

El siguiente caso, la Sra. A., era una dama con múltiples alergias. Había sufrido mucho y visitado a muchos doctores, pero nadie la había podido ayudar. (Su historia me recuerda la mujer que padecía de flujo de sangre en Marcos 5, quien había sufrido mucho en manos de muchos médicos.) La Sra. A. me dijo que había tomado toda clase de antihistamínicos y anticongestivos —aun viajado a una clínica especializada en alergias famosa en todo el mundo, donde le suministraron todo tipo de medicamentos— pero nada. Comenzó a perder las fuerzas y a tener náuseas; estaba buscando a Dios con desesperación para que la ayudara. A pesar de que su vida no estaba en peligro, no podía tener una vida normal dado que los síntomas en su cuerpo eran severos. ¿Tenía Dios una cura bíblica para ella?

Cuando vino a la clínica la evaluamos en la forma usual. Nuestro método es evaluar cada sistema importante del cuerpo. A menudo, la medicina se concentra en un órgano o un área (de los cuales se queja el paciente), pero en realidad, un problema en una parte determinada del cuerpo puede estar causado por una anormalidad en otro lado. Por lo tanto, no nos concentramos en un área, sino que hacemos una evaluación completa, examinando al cuerpo en su totalidad.

Después de haber hecho las pruebas y haber orado con esta mujer, Dios claramente delineó su camino de sanidad. Debíamos aplicar primeramente Marcos 11.23 a su situación y mostrarle específicamente cuál era su «monte». Si ella le iba a hablar a su monte, tenía que entender claramente cuál era el ataque específico del enemigo. Le explicamos que los síntomas alérgicos se debían a un sistema inmunológico excesivamente sensible y exageradamente reactivo, el cual reconocía a sustancias inofensivas tales como polvo de polen y moho como nocivas, y en consecuencia segregaba varias sustancias para tratar de neutralizar y de eliminar aquellas cosas de su cuerpo. Le explicamos además, que necesitaba hablarle a su sistema inmunológico y ordenarle que se equilibrara y dejara de reconocer elementos inofensivos como ofensivos para su cuerpo.

En lo natural, le recetamos un programa para equilibrarle el sistema inmunológico. Este es el cerco natural que Dios ha creado para evitar que factores externos dañen el cuerpo. Sin embargo, si se pone hiperactivo, puede causar alergias, y comienza a atacar su propio cuerpo, causando enfermedades de autoinmunidad, tales como el lupus y la artritis reumatoidea. Dios nos ha dado varios elementos químicos en alimentos y plantas que pueden balancear el sistema inmunológico. En el pasaje de Proverbios 18.9, comenzamos a darnos cuenta de qué era lo que tenía que hacer esta señora para sanarse:

> *«También el que es negligente en su trabajo es hermano del hombre disipador.»*

Eso quiere decir que quien no se esfuerza por curarse es hermano de aquél que se suicida.

Cuando ella comenzó a orar en la forma específica ordenada por Dios, y cuando balanceó su sistema inmunológico de acuerdo a las direcciones dadas por el Espíritu Santo, sus síntomas desaparecieron completamente y pudo reiniciar una vida normal. Una vez más, cuando todos los exámenes sofisticados y los medicamentos para alergias habían fracasado, el remedio bíblico demostró ser la respuesta (véase «Cómo balancear el sistema inmunológico», en el capítulo 6).

Estas historias son sólo unas pocas de las sanidades que he visto que ocurren cuando las personas comienzan a caminar en los caminos específicos de sanidad que Dios ordena como respuesta a sus condiciones médicas y a sus enfermedades. Compartimos a diario estos principios de sanidad en nuestra práctica médica. Yo no dejo de maravillarme continuamente ante el increíble poder sanador de Dios.

Sí, a todos nos gustaría sanarnos en un instante, sobrenatural y milagrosamente. Gracias a Dios que los milagros aún existen. Jesús es «el mismo ayer, y hoy, y por los siglos» (Hebreos 13.8). Busque a Dios para que le señale el camino específico que lo llevará a su sanidad. Aplique en su vida los principios que está aprendiendo en este libro y encuentre un doctor que también comprenda estos principios y que esté dispuesto a orar con usted

No importa cuál sea su problema o enfermedad, Dios tiene un camino para que la manifestación de su sanidad se lleve a cabo. Deje que sus esperanzas cobren vuelo y que se incremente su fe, mientras que usted espera con expectación que se realice su sanidad.

5

ALIMENTACIÓN
SALUDABLE
CON LA DIETA
MEDITERRÁNEA

E xiste un gran interés actualmente en los círculos médicos y de
salud en cuanto a los alimentos que se han ingerido durante
siglos en las tierras bíblicas. La dieta de los pueblos del Medio
Oriente es particularmente interesante.

Uno de los nombres que se le han dado a este grupo de alimentos que ayudan a prevenir enfermedades y a curarlas es «Dieta Mediterránea». Esta dieta es similar a la descrita en Génesis.

כל־הארא ואת־כל־העא אשר־בו פרי־עא זרע זרע לכם
ויאמר אלהים הנה נתתי לכם את־כל־עשׂב זרע זרע אשר על־פני

«Y dijo Dios: He aquí que os he dado toda planta que da semilla, que está sobre la tierra, y todo árbol en que hay fruto y que da semilla; os serán para comer.»

GÉNESIS 1.29

הוא־הי לכם יהיה לאכלה כירק עשׂב נתתי לכם את־כל
כל־רמשׂ אשר *«Todo lo que se mueve y vive, os será para mantenimiento: así como las legumbres y plantas verdes, os lo he dado todo.»*

GÉNESIS 9.3

Identificaremos algunos de los alimentos específicos de la cura bíblica que se encuentran en el Antiguo y Nuevo Testamentos, y luego observaremos los alimentos que se comen hoy en día en esas mismas regiones alrededor del mar Mediterráneo. Haré una lista de los alimentos específicos mencionados en el remedio

81

bíblico y luego describiré en forma más general los grupos alimenticios que usted debiera comer para disfrutar de los beneficios de salud que se encuentran arraigados en la Dieta Mediterránea del remedio bíblico.

Alimentos específicos mencionados en el remedio bíblico

La cura bíblica nos da órdenes específicas acerca de dos cosas: primero, debemos evitar ciertas grasas: «Estatuto perpetuo será por vuestras edades ... que ninguna grosura ni ninguna sangre comeréis» (Levítico 3.17). Segundo, debemos evitar la obesidad: «Mirad también por vosotros mismos, que vuestros corazones no se carguen de glotonería y embriaguez y de los afanes de esta vida, y venga de repente sobre vosotros aquel día. Porque como un lazo vendrá sobre todos los que habitan sobre la faz de toda la tierra» (Lucas 21.34-35).

Además de los alimentos que debemos evitar, la cura bíblica menciona los siguientes alimentos específicos, los cuales se encuentran a través de toda la Dieta Mediterránea y que deberían ser nuestra fuente actual de alimentos.

- Carne magra y limpia de animales con pezuña hendida y rumiantes (Levítico 11.2-3)
- Pescados con escamas (Levítico 11.9; Deuteronomio 14.9)
- Pepinos, melones, puerros, cebollas, y ajo (Números 11.5)
- Uvas y vino (Deuteronomio 8.7-9; Juan 15)
- Trigo, cebada, viñas (uvas), higos, granadas, aceite de oliva, y miel (Deuteronomio 8.8)
- Pasas de uva y manzanas (Cantares 2.5)
- Pan (Éxodo 12.8, 15; Ezequiel 4.9)
- Frijoles (alubias o porotos) (Ezequiel 4:9)
- Miel, nueces pistacho, y almendras (Génesis 43.11)
- Yogur, y la leche de vacas, ovejas, y cabras (Isaías 7.15, 22; Proverbios 27.27)

Alimentos en los tiempos del Antiguo Testamento

Como muchos de los árabes en la actualidad, los hebreos comían carne solo en ciertas ocasiones festivas. Para variar la monótona dieta diaria de trigo y cebada tostados o cocidos, el ama de casa hebrea molía el grano para hacer una harina gruesa, la cual mezclaba con aceite de oliva y horneaba formando unos panes chatos. Decoraba estas tortas con lentejas, habas y otras verduras. Para mejorar los platos insulsos, les agregaba pepinos, cebollas, puerros y ajo. Para endulzar, utilizaba frutas frescas y desecadas, y miel silvestre. En una tierra donde escaseaba el agua, los hebreos paladeaban el vino y valoraban la leche de cabras y de ovejas.

El rey Salomón y su suntuosa corte exigían platos más lujosos para su dorada mesa. «Y la provisión de Salomón para cada día era de treinta coros de flor de harina, sesenta coros de harina, diez bueyes gordos, veinte bueyes de pasto y cien ovejas; sin los ciervos, gacelas, corzos y aves gordas» (1 Reyes 4.22-23).

Si le echamos una mirada a la vida cotidiana de María, José y Jesús, veremos que su mesa incluía muchos de los mismos alimentos que los que proveía el rey Salomón a su pueblo:

«En sus rondas diarias [la joven María] ella buscaba agua, atendía el fuego y molía el grano. La familia se alimentaba con copos de trigo o cebada molida gruesa, suplementados con frijoles, lentejas, pepinos y otras verduras —con cebollas, puerros, ajo y aceite de oliva como condimento. Como postre servían dátiles, higos y granadas. La bebida universal era el vino aguado. Solo en los días de fiesta, los humildes galileos comían carne.»[1]

La Dieta Mediterránea

El remedio bíblico identifica algunos de los alimentos básicos en la Dieta Mediterránea, la cual ofrece una saludable base nutritiva que se encuentra arraigada en las verdades de los antiguos textos hebreos. Examinemos, pues, algunos de estos alimentos específicos ingeridos por los pueblos del mundo antiguo y observemos cómo nos ayudan a prevenir y a curar enfermedades.

Se ha desarrollado un gran interés en lo que se conoce como la Dieta Mediterránea. Es muy similar a la que encontramos descrita en Génesis 1.29 y 9.3. Según parece, esta dieta observada por los pueblos que vivían a orillas del mar Mediterráneo da como resultado uno de los niveles más bajos de cáncer de colon, de pecho y de enfermedades coronarias del mundo. ¿Por qué será?

No es casualidad que Israel sea uno de esos países. Pienso que la mayor parte de su dieta actual proviene de las pautas de la cura bíblica dadas por Dios a su pueblo elegido: los israelitas.

Los pueblos del Mediterráneo han desarrollado sus propios platillos, pero estos comparten varias características. Cuando observamos los ingredientes utilizados en estos menús, observamos que los siguientes alimentos son de consumo diario:

1- *Aceite de oliva.* El aceite de oliva reemplaza a la mayoría de las grasas, aceites, mantequillas y margarinas; se utiliza tanto en ensaladas como para cocinar. El aceite de oliva aumenta los niveles del colesterol bueno (LAD) y puede fortalecer la función del sistema inmunológico. El aceite de oliva extra virgen es el mejor.

2- *Panes.* El pan se consume diariamente y se prepara como barras de pan oscuras, suaves por dentro y crujientes por fuera. El pan típico americano, cortado en rebanadas, blanco o de trigo, no se utiliza en los países del Mediterráneo.

3- *Pastas, arroz, alcuzcuz, bulgur y papas.* La pasta se sirve con verduras frescas y hierbas salteadas en aceite de oliva; a veces se sirve con pequeñas cantidades de carne magra. Se prefiere el arroz integral. El alcuzcuz es hecho con harina de maíz y miel, mientras que el bulgur es una clase diferente de trigo.

4- *Granos.* La Dieta Mediterránea incluye muchas fuentes de granos. Para obtener los mismos granos saludables, coma cereales que contengan salvado de trigo (media taza, cuatro a cinco veces por semana); alterne con cereales que contengan salvado de avena (un tercio de taza).

5- *Frutas.* La Dieta Mediterránea incluye muchas frutas, preferiblemente crudas. Coma de dos a tres por día.

6- *Frijoles (porotos o alubias).* Incluye todo tipo de frijoles, incluso los pintos, los blancos y las habichuelas. Las sopas de frijoles y de lentejas son muy populares (preparadas con una pequeña cantidad de aceite de oliva). Debiéramos comer, como mínimo, media taza de frijoles tres a cuatro veces por semana.

7- *Nueces.* Las almendras (diez por día) o las nueces castellanas (diez por día) están a la cabeza de la lista de las frutas secas aceptables en la Dieta Mediterránea.

8- *Vegetales.* Las verduras verde oscuro son las principales para las ensaladas. Para obtener los mismos beneficios en nuestra dieta, debiéramos comer por lo menos una de las siguientes verduras por día: repollo, brócoli, coliflor, las hojas de nabos o de la mostaza, y uno de los siguientes grupos de verduras por día: zanahorias, espinacas, batatas (camotes), cantalopes, duraznos (melocotones) o damascos (albaricoques).

9- *Quesos y yogur.* A diferencia de la leche y de los productos lácteos, estudios recientes han indicado que el queso no contribuye al bloqueo de las arterias. En la Dieta Mediterránea el queso se puede rallar para condimentar las sopas o cortar un trozo y combinarlo con fruta como postre; utilice los de grasas reducidas (los totalmente descremados tienen por lo general gusto a goma [caucho]). El mejor yogur es el descremado, pero no el helado.

Además de estos alimentos saludables incluidos a diario en la Dieta Mediterránea, hay otros alimentos que deberían ser incluidos en su dieta solo unas pocas veces a la semana. Estos incluyen:

10- *Pescado.* Los más sanos son los de «aguas frías», tales como el bacalao, el salmón y la caballa; la trucha es también muy buena. Estos pescados tienen un rico contenido del ácido graso omega-3.

11- *Aves.* Se pueden comer de dos a tres veces por semana; la carne blanca de la pechuga, sin piel, es la mejor.

12- *Huevos.* Se deben comer en cantidades reducidas (dos a tres veces por semana).

13- *Carnes rojas.* Inclúyalas en su dieta, pero no más de tres veces por mes. Utilice únicamente los cortes magros, recortándole la grasa; puede también utilizarla en pequeñas cantidades como agregado para darle gusto a las sopas o a las pastas. La severa restricción de las carnes rojas en la Dieta Mediterránea es una desviación radical de la dieta americana, pero es el mayor contribuyente a los bajos porcentajes de cáncer y de enfermedades cardíacas en esos países.

Cómo comer al estilo del Mediterráneo

Un desayuno mediterráneo típico consistiría en pan negro o cereal (como los mencionados anteriormente), un trozo de fruta fresca y quizás una pequeña cantidad de yogur o una tajada de queso. El almuerzo o cena probablemente incluiría:

1- *Ensaladas.* Se come ensalada con cada comida; está compuesta de verduras de hoja verde (y otros vegetales), con un aderezo de aceite de oliva, vinagre y/o jugo de limón.
2- *Sopas.* Las sopas están generalmente hechas con apio picado, ajo, zanahorias, cebollas y otras verduras cocinadas en un caldo de gallina u algún otro líquido. Están sazonadas con hierbas; se le puede echar por encima una pequeña cantidad de queso rallado (de grasa reducida) como decoración.
3- *Pastas.* Ingrediente básico de muchas comidas, la pasta fresca se mezcla a menudo con verduras frescas y hierbas que han sido salteadas en aceite de oliva. En ocasiones al plato de pasta se le puede agregar un poquito de carne o pollo.
4- *Arroz.* El arroz es un agregado importante en esta dieta. Se utilizan diversos tipos de arroz, tales como el integral y el silvestre. Se preparan en diversas formas creativas: pilafs, risotos, sopas espesas y guisados.
5- *Alimentos básicos.* Muchas frutas y verduras son alimentos básicos en la Dieta Mediterránea. Se utilizan a menudo tomates, cebollas y pimientos (ají, chile, rocote). Para cocinar y en las ensaladas se utiliza a menudo el jugo de limón para reemplazar al aceite.

La pirámide de alimentos del Mediterráneo

El siguiente diagrama resume los hábitos alimenticios de las personas que comen en la forma del Mediterráneo. En las páginas a continuación del diagrama, note el equilibrio entre las cantidades de cada categoría de alimentos en esta dieta.

**Carnes
rojas, dulces
...*sólo unas
pocas veces por mes***

**Huevos, pollo,
pescado, queso, yogur
...*unas pocas veces a la semana***

**Frutas, verduras, frijoles y legumbres,
nueces, aceite de oliva, panes, cereales
...*a diario***

**Pirámide de alimentos
de la Dieta Mediterránea**

Un «vino nuevo» para su salud

Existen más de cincuenta artículos de investigaciones realizadas por diversas universidades que señalan que el vino es beneficioso para nuestra salud (particularmente el vino tinto, o rojo). Ya que la Biblia habla tanto acerca del vino, Linda y yo realizamos una investigación del tema y descubrimos que el vino tinto contiene una sustancia muy útil llamada *resveratrol*. Los investigadores de la Universidad de Illinois han encontrado que el resveratrol inhibe al cáncer al ayudar a prevenir el daño del ADN en las células, no dejando que las células se conviertan en cáncer, y por lo tanto previenen el crecimiento y la propagación de este. En recientes estudios en la Universidad de Cornell se ha demostrado que el resveratrol reduce asimismo el colesterol.

Hay otras sustancias en el vino tinto conocidas como flavonoides, biológicamente activas, las cuales son poderosos antioxidantes. Los antioxidantes neutralizan a los radicales libres, los cuales pueden ser la causa original del cáncer, así como de las enfermedades cardíacas, las cataratas, la artritis reumatoidea y el proceso mismo de envejecimiento. Los flavonoides pueden también protegernos de derrames cerebrales y ataques al corazón al reducir el conglomerado de plaquetas, lo cual permite que la sangre fluya mejor a través de los vasos sanguíneos.

Dios, en su infinita sabiduría, nos ha demostrado ahora cómo obtener los beneficios del vino sin el alcohol; Linda y yo utilizamos un vino tinto no alcohólico, fabricado por Ariel (tipo Cabernet Sauvignon). Va a tener que buscar un poco para encontrarlo, o en los Estados Unidos puede llamar al 1-800-456-9472 para obtener información. Debiera tomar de seis a nueve onzas por día para obtener los beneficios mencionados anteriormente. Algunas personas no se sienten muy cómodas tomando vino, pero aún con el vino sin alcohol podemos obtener todos los beneficios que Dios desea, sin los perjuicios del alcohol.

Ore por esto; que Dios pueda usarlo como parte de su camino hacia la sanidad y la salud.

Las leyes divinas de la nutrición

Cuando la Biblia habla acerca de la sanidad de nuestro cuerpo, ilustra claramente un aspecto sobrenatural y un aspecto natural de la salud divina. En esta sección, trataremos acerca de las cosas naturales y prácticas que Dios desea que hagamos para poder gozar de salud divina.

En Éxodo 23.25 Dios dice que Él «bendecirá tu pan y tus aguas; y yo quitaré toda enfermedad de en medio de ti.» Esto indica claramente que los aspectos prácticos de la nutrición de las personas contribuyen en gran manera a la salud. Echémosle una mirada a la nutrición desde una perspectiva bíblica.

En el capítulo 15 de Éxodo, Dios firma un pacto de sanidad con el hombre:

«Si oyeres atentamente la voz de Jehová tu Dios, e hicieres lo recto delante de sus ojos, y dieres oído a sus mandamientos, y guardares todos sus estatutos, ninguna enfermedad de las que envié a los egipcios te enviaré a ti; porque yo soy Jehová tu sanador.»

ÉXODO 15.26

Inmediatamente después de establecer este pacto de sanidad con su pueblo, en el capítulo 16 Dios trata el tema de la nutrición por medio de la provisión de maná para su pueblo. Esta sustancia sobrenatural, nutritivamente sana, sostuvo a los israelitas durante los cuarenta años que marcharon por el desierto.

Cuando los israelitas llegaron a la Tierra Prometida descubrieron un suelo muy rico, lleno de todas las provisiones naturales de Dios que les permitiría desarrollar el plan de comidas sanas y nutritivas que se conoce hoy como la Dieta Mediterránea.

Las cosas que comemos tienen una relación directa con la condición de nuestra salud. Seis de las diez mayores causas de mortandad en nuestro país en la actualidad tienen que ver con lo que comemos.

¿Qué debiéramos comer?

Hemos visto ya cuáles son algunos de los alimentos saludables para nosotros. Observemos nuevamente, pero esta vez considerando los componentes nutritivos esenciales de una dieta sana y los alimentos que proveen cada nutriente a nuestro cuerpo.

Proteínas
Mientras que las proteínas son esenciales para nuestra salud, debiéramos limitarlas a un 10% o 15% de nuestro total de calorías. Una cantidad excesiva de proteínas puede conducir a problemas de riñón, niveles altos de colesterol y enfermedades cardíacas, así como otros problemas de salud.

Limite las carnes rojas a dos porciones semanales. Enfatice el consumo de pescado (especialmente trucha, salmón, bacalao, y atún) y pollo (preferiblemente la carne blanca sin la piel).

Hidratos de carbono
Dios marcó las pautas para nuestro consumo alimenticio en el libro de Génesis:

«Y dijo Dios: He aquí que os he dado toda planta que da semilla, que está sobre toda la tierra, y todo árbol en que hay fruto y que da semilla; os serán para comer.»

GÉNESIS 1.29

«Todo lo que se mueve y vive, os será para mantenimiento: así como las legumbres y plantas verdes, os lo he dado todo.»

GÉNESIS 9.3

El versículo del primer capítulo de Génesis que acabamos de citar trata acerca de los alimentos naturales que Dios nos ha dado para cubrir nuestra necesidad alimenticia de hidratos de carbono. Los granos, semillas, frutas y verduras son nuestras fuentes de hidratos de carbono.

Los hidratos de carbono complejos son de vital importancia para nuestra salud. Existen algunos pueblos hoy en día (en particular en ciertos países del Asia) en los cuales casi no existe el endurecimiento de las arterias y el cáncer, debido a que su dieta consiste principalmente de hidratos de carbono complejos.

La parte esencial de nuestra dieta debiera provenir principalmente de los siguientes grupos de hidratos de carbono complejos:

- *Verduras verdes y amarillas*—tres o más porciones diarias.
- *Granos, incluyendo cereales, arroz, panes de trigo integral* —dos porciones diarias.
- *Frutas*—tres o más por día.
- *Frijoles y arvejas o guisantes*—dos o tres porciones por semana.

Ciertas verduras y frutas ricas en hidratos de carbono parecen tener efectos protectores contra el cáncer. Estas incluyen:

- *Aquellas con alto contenido de vitamina A.*

Estas frutas y verduras son por lo general color naranja o amarillas. Incluyen los damascos (albaricoques), zanahorias, cantalopes, calabazas o zapallos, melocotones (duraznos), y batatas o camotes. Otras fuentes muy buenas de hidratos de carbono complejos son los melones o sandías, el brócoli, la lechuga romana, y los tomates.

• *Aquellas con alto contenido de vitamina C.*

Las fuentes de alimentos ricos en vitamina C incluyen el melón tipo cantalope, el brócoli, las naranjas, los repollos, los tomates, las frutillas o fresas, el coliflor y la espinaca.

• *Verduras crucíferas*

Debemos comer por lo menos una de estas verduras varias veces por semana. Incluyen brócoli, repollo, repollitos de Bruselas y coliflor.

En la Biblia se mencionan a menudo los hidratos de carbono. Uno de los mejores ejemplos de una dieta rica en hidratos de carbono complejos en el remedio bíblico la encontramos en el libro de Daniel. Cuando él y sus amigos se negaron a comer la comida malsana y cargada de grasa de la mesa del rey, le pidieron al encargado que les sirviera un menú diferente:

> «*Entonces dijo Daniel a Melsar, que estaba puesto por el jefe de los eunucos sobre Daniel, Ananías, Misael y Azarías: te ruego que hagas la prueba con tus siervos por diez días, y nos den legumbres a comer, y agua a beber. Compara luego nuestros rostros con los rostros de los muchachos que comen de la ración de la comida del rey, y haz después con tus siervos según veas. Consintió, pues, con ellos en esto, y probó con ellos diez días. Y al cabo de los diez días pareció el rostro de ellos mejor y más robusto que el de los otros muchachos que comían de la porción de la comida del rey. Así, pues, Melsar se llevaba la porción de la comida de ellos y el vino que habían de beber, y les daba legumbres.*»
> DANIEL 1.11-16

¡Qué ejemplo excelente son Daniel y sus amigos para que podamos apreciar los saludables beneficios de una dieta rica en hidratos de carbono!

Fibras

La fibra es esencial para nuestra dieta cotidiana. Existen muchas fuentes de fibra, que incluyen no solamente frutas y verduras sino también muchos granos. Considere algunos de estos alimentos para obtener fibra:

- *Fibra de trigo* de los cereales tipo salvado. Se ha comprobado que la fibra de trigo ayuda a prevenir ciertos tipos de cáncer. Trate de comer una media taza de cereal de salvado por día.
- *La fibra de avena* (salvado de avena) puede reducir los niveles de grasa (colesterol) en la sangre. Considere incluir en su dieta diaria un tercio de taza de un cereal que contenga salvado de avena (se puede mezclar con el salvado de trigo).
- *Los frijoles y las arvejas* o guisantes deben comerse con regularidad (preferiblemente tres veces por semana). Incluye a los pintos, los porotos blancos y las lentejas, los cuales aparentemente reducen el colesterol.

Grasas

Las palabras más duras de Dios son con respecto a las grasas:

> «*Estatuto perpetuo será por vuestras edades, dondequiera que habitéis, que ninguna grosura ni ninguna sangre comeréis.*»
> Levítico 3.17

La grasa constituye el 42% de la dieta norteamericana. Estamos en el grupo humano de mayor porcentaje de enfermedades cardíacas y endurecimiento de las arterias. Observe con cuidado la grasa que come. Si obedece estas simples pautas, puede reducir con éxito su consumo de grasa y encaminarse a una mejor salud:

- *Coma carne roja magra con moderación.* Aumente el consumo de pescado y pollo.
- *Limite el queso.* El queso contiene por lo general más de un 50% de grasa; tome leche descremada y quesos descremados o con poco contenido graso.
- *Aceites.* Lea las etiquetas y fíjese si contienen «aceite de coco» o de palma, y evite esos productos. Tenga cuidado con las cremas para el café, con las salsas lácteas artificiales y los aceites hidrogenados o parcialmente hidrogenados.

Hay cierto tipo de grasas que debiéramos incluir en nuestra dieta. Sustituya las grasas que son nocivas por aquellas que no lo son. Entre estas se encuentran:

- *El aceite de canola.* Este aceite puede reducir realmente los niveles de grasa en la sangre; utilícelo para cocinar y en recetas de aderezos.

- *El aceite de oliva.* Es muy bueno y saludable; puede reducir la grasa en la sangre. Algunos estudios han sugerido que incluso puede reducir la presión arterial. Se puede utilizar en ensaladas, para cocinar y como sustituto en muchas recetas.
- *Ciertos pescados grasos* tales como el atún, salmón y bacalao pueden reducir la tendencia a desarrollar coágulos de sangre y enfermedades cardíacas.

Azúcar

Tenga cuidado con los azúcares simples; limítelos en su dieta ya que son muy ricos en calorías. Los postres cargados de azúcar son también a menudo ricos en grasas saturadas. En la actualidad, los sustitutos del azúcar parecen ser bastante seguros. El aspartame es en realidad una combinación de aminoácidos naturales que se encuentran en los melocotones o duraznos, los frijoles verdes, la leche, y en muchas otras sustancias comunes. Algunas personas, sin embargo, no toleran el aspartame y debieran evitarlo, ya que puede causar dolores de cabeza, alergias, y otras reacciones. A pesar de que podemos tomar sacarina sin peligro alguno, el aspartame es mejor, ya que es una sustancia natural.

Sal

La sal o cloruro de sodio es necesaria para nuestro cuerpo, pero puede ser extremadamente peligrosa si es utilizada en exceso. No agregue sal cuando cocine, y no le agregue sal a la comida en la mesa. Si tiene que darle más sabor a su comida, considere utilizar un sustituto de la sal. Hoy en día hay muchas combinaciones de hierbas que sirven como buenos condimentos para la comida. No use tabletas de sal; no poseen ningún valor nutritivo para una dieta sana.

Café

La cafeína en el café (en cantidades excesivas) puede incrementar los niveles de colesterol, causar irregularidades en el corazón y contribuir a la fibrosis cística en las mujeres. Limite su consumo a dos tazas de café común por día; el resto debiera ser sin cafeína.

Cómo hacer las compras de comida

Cuando Dios hizo su pacto de sanidad con el hombre, Él inmediatamente puso el énfasis en lo que su pueblo debiera comer, y les dio instrucciones precisas sobre cómo cosechar y preparar la comida (Véase Éxodo 15.26.) En Éxodo 23:25 Dios promete bendecir el pan y el agua (la comida diaria) de su pueblo. Con esta bendición, Dios indicaba que «quitará toda enfermedad de en medio de ti.»

El cirujano general de los Estados Unidos en estos últimos meses ha reafirmado las leyes alimenticias de Dios, al declarar: «La dieta que usted elija puede influir, más que cualquier otra acción que usted pueda tomar, en sus posibilidades futuras de una vida sana.»

La sección que sigue le ayudará a prepararse para examinar su dieta y elegir los alimentos que les brinden la mayor oportunidad, a usted y su familia, de estar sanos. Elija con sabiduría; su salud y la de su familia dependen de ello.

La compra de productos frescos
- Agregue más productos frescos a su dieta. Existen muchas variedades de las cuales elegir.
- La lechuga romana es la mejor de todas las lechugas.
- Elija productos reconocidos como buenas fuentes de vitamina C: pimientos (ajíes o chiles), tomates, brócolis, repollos (coles), papas, mostaza, nabos, cantalopes, melones, kiwis y frutillas o fresas.
- Coma la piel o cáscara de las frutas y de las verduras.
- Seleccione productos ricos en vitamina A: las verduras verde oscuro, amarillas y naranja; incluya calabazas o zapallos y calabacitas o zapallitos.
- Prepare ricas sopas con una gran variedad de verduras.

Las selecciones de embutidos
(Fiambres, chacinados, cecinas)
- Elija roast beef, pavita o jamón desgrasado en tajadas, utilizando carnes que sean un 97% a un 98% desgrasadas.
- Utilice poco o nada la tocineta. Cuando la utilice, elija la canadiense, la cual tiene poca grasa (aunque mucho sodio).

- Evite las salchichas (*hot dogs*) aun las preparadas con carne de pavo o pollo, ya que contienen mucha grasa.

Los productos lácteos

- Use yogur descremado sin sabor para sustituir a la crema agria.
- Elija quesos descremados o con bajo contenido graso, o quesos con menos de cinco gramos de grasa por onza tales como el fontina, la mozzarella, el scamorze, la ricota y el requesón descremado.
- Utilice leche descremada o desnatada.
- Pruebe la leche cultivada; (*buttermilk*) tiene muy bajo contenido de grasa.
- Use poca cantidad de margarina, y prefiera las variedades descremadas que no contienen ácidos grasos; se puede usar el aceite de oliva para reemplazar a la margarina.

La selección de panes y cereales

- Utilice panes de trigo integral o de grano entero (centeno, salvado de avena).
- Cuando elija cereales, es mejor mezclar el salvado de trigo con el de avena (un tercio de taza a media taza diarias). En los Estados Unidos, elija cereales tales como All Bran y Fiber One. Si come un cereal que contiene únicamente salvado de avena, como sería el caso de Quaker Oat Bran, coma un tercio de taza por día. El trigo ayuda a proteger el colon; la avena reduce el colesterol.
- Tenga cuidado con los cereales tipo granola (cereal para desayuno a base de avena). A menudo contienen demasiada grasa.

La carnicería

- Evite en lo posible la grasa animal, así como la carne de los órganos internos, tales como el hígado y las mollejas.
- Utilice cortes de carne magra, sin grasa: falda, lomo y carne picada de lomo y del cuarto delantero.
- El cerdo contiene por lo general mucha grasa; el lomo de cerdo tiene menos grasa (26%); la tocineta es una de los más ricos en grasa (80%).
- Elija los cortes selectos en vez de los de primera calidad.
- Limite o evite las costillas, el corned beef, las salchichas o embutidos y el tocino.

Los pescados y aves

- Elija pescados de regiones de aguas profundas y frías. Esto incluye el salmón, el atún, la caballa, la trucha marina y el arenque.
- Limite el consumo de langostinos (camarones); utilice langosta y cangrejos o jaibas muy de vez en cuando.
- La carne picada de pavo es un buen sustituto para la carne vacuna picada.
- La carne de pavo o de pechuga de pavo es excelente.
- Cuando coma pollo, recuerde que la mitad de las calorías del pollo están en la piel, así que sáquesela antes de cocinarlo.

Los alimentos congelados

- Elija comidas congeladas que tengan menos de 15 mg. de grasa, menos de 400 calorías, y menos de 800 mg. de sodio.
- Compre concentrados de jugos congelados para hacer refrescos.
- Utilice helado de yogur descremado en vez de helados de crema.
- Como postre, elija barras de jugo congelado y barras de fruta congelada, sin agregado de azúcar.

La selección de grasas, aceites y aderezos

- Utilice aceites vegetales para cocinar. El mejor es el aceite de oliva extra virgen; el aceite canola es también muy bueno.
- El aceite de oliva es el mejor para ensaladas. Prepare o compre uno de los maravillosos aderezos sin aceite.
- Utilice *sprays* vegetales sin grasa ni colesterol para reemplazar al aceite o la manteca.
- Utilice mayonesa desgrasada.
- Use aderezos que contengan menos de diez calorías por cucharada.
- Utilice aderezos para ensalada con poco contenido de grasa o totalmente desgrasados, y también para marinar la carne, el pollo y las verduras.
- Utilice vinagres sazonados, jugo de limón o mezclas de hierbas y especias para condimentar las verduras y el pescado o pollo.

Productos envasados

- Evite los aceites de palma, de grano de palma y de coco (antes de comprar algo, lea las etiquetas o rótulos).
- Los pretzels (galletas en forma de 8) son muy buenos refrigerios con bajo contenido graso.

- Las palomitas de maíz (esquites, pororó, pochoclo, pop corn) para el microhondas son a menudo muy ricas en grasas (y de las nocivas) y sal.
- Consuma pocas papas fritas de paquete. Cuando compre este tipo de productos, seleccione los que no contengan sal y grasa.
- Hay varios tipos de frijoles secos que reducen el colesterol. Estos incluyen los pintos, los porotos blancos y las habichuelas.
- Elija el arroz con cuidado; el arroz integral de grano largo es el mejor.
- Las galletas tienen por lo general mucha grasa (lea las etiquetas). Compre únicamente las que no contengan aceite de palma o de coco y que no tengan más de 3 gr. de grasa por galleta. Pruebe las galletas confeccionadas con jugos de fruta y aceites no hidrogenados (se encuentran en la sección de alimentos naturales).

Alimentos enlatados

- Evite los refrescos de fruta; utilice los jugos de fruta 100% puros.
- Elija pescados enlatados con espinas comestibles, tales como el salmón o las sardinas (preste atención a los niveles de sodio en los pescados en lata).
- Los frijoles, arvejas o guisantes, y el maíz (choclo, elote) son buenas fuentes de vitaminas, minerales y fibra. Sin embargo, no son tan nutritivos como los frescos; utilícelos sólo cuando lo necesita.

Pan Ezequiel

El remedio bíblico recomienda un pan en particular. Dado que está descrito en el libro de Ezequiel, yo lo he denominado *Pan Ezequiel.*

> «*Y tú toma para ti trigo, cebada, habas, lentejas, millo y avena, y ponlos en una vasija, y hazte pan de ellos...*»
>
> ועדשׁים ודח/ וכסמיט ונתתה אותט בכלי אחד ועשׂית אותט ל ללחט)
>
> .(ואתה קה־ל חטי/ ושׂעריט ופול
>
> EZEQUIEL 4.9

En este texto observamos una revelación asombrosa de la cura bíblica. Cada ingrediente que encontramos en el pan mencionado en Ezequiel 4.9 tiene beneficios especiales para su salud y para prevenir enfermedades. Por supuesto que Dios sabía esto, y Él proveyó este pan maravilloso para nuestra salud y nuestra sanidad.

Aquí hay solamente unos pocos descubrimientos científicos acerca de estos alimentos:

- *El trigo y la avena reducen el riesgo de enfermedades cardíacas.* Tiene que usar trigo integral, incluyendo el salvado y el germen —no trigo refinado. El trigo integral es una excelente fuente del complejo de vitamina B, fósforo, hierro y vitamina E. La vitamina E en el trigo ayuda al cuerpo a reducir la producción de radicales libres (los cuales hacen que el colesterol malo [LBD] se adhiera a las paredes de las arterias), y por lo tanto reduce el riesgo de enfermedades cardíacas. La fibra en el trigo ayuda a reducir el riesgo de cáncer de colon.
- *La cebada también ayuda a reducir el riesgo de enfermedades cardíacas.* Hágale un favor a sus arterias y coma tanto trigo como cebada. La cebada puede ayudar a reducir el colesterol, reduce la formación de coágulos en la sangre, mejora la digestión y reduce el riesgo de ciertos tipos de cáncer. Combate las enfermedades cardíacas de dos maneras: el tocoferol en la cebada ayuda a detener la oxidación de los radicales libres, un proceso que hace que el colesterol (LBD), el peligroso, se adhiera a las paredes arteriales. Asimismo previenen la formación de pequeños coágulos de sangre. Dado que es rico en selenio y en vitamina E, ayuda a proteger y luchar contra el cáncer.
- *Los frijoles o habas (pintos, lentejas, habichuelas, y otros) ayudan a reducir el colesterol y están cargados de fibra soluble.* También ayudan a estabilizar los niveles de azúcar en la sangre, a reducir el riesgo de cáncer de mama y de próstata, y de enfermedades cardíacas en los diabéticos.
- *El millo y la avena pueden ser útiles para aliviar los problemas premenstruales y para acelerar la curación de heridas.* El millo contiene proteínas, las cuales ayudan al cuerpo a fortalecerse y reparar los músculos, a las fibras conjuntivas y otros tejidos.

לֶחֶם — Pan

Dado que la Biblia retrata gente normal y corriente en su contexto de vida cotidiana, la palabra pan aparece con frecuencia en sus páginas, desde su primera mención en Génesis 3.19. Todos los días se horneaba pan en los hogares de Palestina. Las harinas de trigo y de cebada se mezclaban con agua y sal, y eran luego horneadas en hornos sencillos. Los panes que cocinaban eran un ingrediente tan básico de su dieta que los términos pan y comida significaban casi lo mismo. (Véase Génesis 37.25; Jueces 13.16; Proverbios 27.27.) Cuando Dios, juzgando a su pueblo, amenazó con quebrantarles el sustento del pan, la base primordial de sus vidas, ellos se vieron en peligro. (Véase Levítico 26.26.) A la inversa, cuando Dios les prometió una «tierra en la cual no comerás el pan con escasez», eso era una promesa de vida misma (Deuteronomio 8.9). Esta identificación del pan con la existencia misma llevó a los autores bíblicos a hablar metafóricamente del pan de dolores (Salmo 127.2), del pan de maldad (Proverbio 4.17), del pan de balde (Proverbio 31.27), y del pan de lágrimas (Salmo 80.5).

El pan también ocupaba un lugar importante en la vida religiosa de los pueblos bíblicos. El sistema de sacrificios incluía la ofrenda cocida en horno (Levítico 2.4). Tanto el tabernáculo como el Templo requerían la exposición del pan de la proposición, o «mesas de la proposición» (Éxodo 25.30; 1 Crónicas 28.16). La fiesta del pan sin levadura yacía en el corazón mismo de la memoria de los israelitas del Éxodo. Igualmente ligado a la actividad protectora y providencial de Dios, se encontraba la provisión del maná, el «pan del cielo», que sostuvo al pueblo de Israel durante sus años en el desierto (Éxodo 16.4).

En los Evangelios, Jesús reconoció la importancia del pan cuando citó Deuteronomio 8.3: «no sólo de pan vivirá el hombre», y luego se identificó como el verdadero pan del cielo que da vida al mundo. (Véase Mateo 4.4; Lucas 4.4; Juan 6.33.) Durante la Última Cena, Él interpretó el partimiento del pan sin levadura de la Pascua como el símbolo de la ofrenda de Sí mismo, y este acto ceremonial fue conmemorado por los primeros cristianos en la ceremonia del «partimiento del pan» (Hechos 2.42).[2]

Pan Ezequiel
Una receta del Antiguo Testamento*

2y1/2 tazas de trigo integral
1y1/2 taza de centeno integral
1/2 taza de cebada
1/4 taza de millo
1/4 taza de lentejas
2 cucharadas de frijoles (sin cocinar)
2 cucharadas de habichuelas (las habas rojas con forma de riñón) (sin cocinar)
2 cucharadas de frijoles pintos (sin cocinar)
2 tazas de agua tibia, dividida
1/2 taza más una cucharadita de miel, dividida
2 cucharadas de levadura
1/4 taza de aceite de oliva extra virgen

Mida y mezcle los ingredientes ya mencionados en un recipiente grande. Coloque esta mezcla en un molinillo de harina para molerla. La harina debe tener la consistencia de la harina común. Si está muy gruesa puede causar problemas de digestión. Se obtendrán ocho tazas de harina. Utilice cuatro tazas para cada pan.

Mida cuatro tazas de harina en un bol grande. Guarde el resto de la mezcla en el congelador para utilizarlo más adelante.

Mida una taza de agua tibia (40°-46° C, 110°-115° F) en un bol chico. Agregue una cucharadita de miel y de levadura, revuelva hasta que se disuelva la levadura, cubra y ponga a un lado para permitir que la levadura leve durante unos cinco a diez minutos.

En un bol pequeño combine los siguientes ingredientes: aceite de oliva, 1/2 taza de miel y la taza restante de agua tibia. Mezcle bien y agregue todo esto a la mezcla de harina en el recipiente grande. Agregue la levadura y revuelva hasta que esté bien mezclado. La mezcla debiera tener la consistencia de un pan de maíz levemente «pesado». Extienda la mezcla en forma pareja en una fuente de horno de 30 a 35 cm. rociada con aceite de cocina sin colesterol. Deje que la mezcla leve por una hora en un lugar cálido.

---

*Esta receta ha sido adaptada directamente de Ezequiel 4.9.

Hornee a 190° C (375° F) durante aproximadamente treinta minutos. Fíjese si está listo. El pan debiera tener la consistencia de un pan de maíz cocido.

Si no dispone de un molinillo de harina, se puede pedir la harina Ezequiel (en los Estados Unidos) de un catálogo como «The Baker's Catalogue» (el catálogo de los panaderos) llamando al 1-800-827-6836. Sin embargo, si utiliza ese tipo de harina, la textura del pan será completamente diferente a la de la receta anterior.

6

EL REMEDIO BÍBLICO: PASOS PRÁCTICOS QUE USTED PUEDE TOMAR

as comidas de la Dieta Mediterránea del remedio bíblico poseen abundantes sustancias naturales creadas por Dios para protegernos de los estragos causados por las enfermedades. En un sentido espiritual, la Biblia habla con frecuencia de que Dios coloca un cerco de protección alrededor de su pueblo. פרץ בארץ בעדו ובעד־ביתו ובעד כל־אשר־לו מסביב מעשׂה ידיו ברכת ומקנהו הלא־את שׂכת La traducción dice: «¿No le has cercado alrededor a él y a su casa y a todo lo que tiene? Al trabajo de sus manos has dado bendición; por tanto, sus bienes han aumentado sobre la tierra» (Job 1.10). Note que el cerco está colocado alrededor de él, así como de su casa y de sus posesiones. En otras palabras, tanto su cuerpo físico como sus bienes materiales están protegidos. ¿Cómo puede el remedio bíblico proteger a nuestros cuerpos por medio de la parte natural de nuestro camino de sanidad?

Cómo equilibrar el sistema inmunológico

El cerco «natural» de protección del remedio bíblico dentro del cuerpo humano nos protege de un inmenso ataque de enfermedades y dolencias. Este cerco natural se conoce con el nombre de *sistema inmunológico*. Este sistema increíble nos protege de todo, desde un simple resfriado a la destrucción del cáncer. Un sistema inmunológico demasiado reactivo puede atacar a las propias células de su cuerpo, y resultar en enfermedades tales como el lupus o la artritis reumatoidea (enfermedades autoinmunes). Una falla en el sistema puede resultar en un cáncer, y un sistema exageradamente sensible puede provocar alergias, mientras que uno debilitado acelera el proceso de envejecimiento.

La ciencia ha comenzado a descubrir la fascinante variedad de sustancias naturales que fortalecen al sistema inmunológico. Resulta que Dios ya ha provisto sustancias en el mundo de las plantas que mejoran el desempeño de nuestra inmunidad. Hemos podido ahora concentrar esas sustancias y usarlas para fortalecer nuestro «cerco de protección» para combatir muchas enfermedades y dolencias.

Las siguientes sustancias naturales nos ayudan a equilibrar y proteger nuestro sistema inmunológico:

1- *Vitamina E:* ayuda a preservar y fortalecer el funcionamiento del sistema inmunológico. Si tomamos vitamina E natural, utilizando una dosis diaria de 800 UI (unidades internacionales) podemos ayudar a un sistema debilitado.

2- *Complejos vitamínicos:* una simple cápsula de un complejo vitamínico es esencial para mantener un completo equilibrio en un sistema inmunológico normal. Tome una por día.

3- *Complejo B:* el complejo B100 contiene todas las diferentes vitaminas B. La B6 ha demostrado un efecto positivo particularmente poderoso en el sistema inmunológico y se encuentra en el complejo B100.

4- *Vitamina C:* esta vitamina juega un papel importante en el incremento del número de glóbulos blancos en la sangre, los cuales constituyen la columna vertebral de nuestra respuesta de inmunidad. Tome 1000 mg. de vitamina C dos veces al día. No utilice cápsulas de disolución lenta.

5- *Zinc:* hace mucho tiempo que se sabe que esta es una sustancia importante para la protección del sistema inmunológico. Sin embargo, demasiado zinc puede causar efectos nocivos; 15-30 mg. diarios es suficiente (la cantidad que se encuentra en la mayoría de píldoras de complejos vitamínicos).

6- *Cromo*: tiene un efecto indirecto sobre el sistema inmunológico, ya que estimula a los linfocitos T y al interferon. Tome 200 microgramos al día.

7- *Yogur:* los cultivos vivos en el yogur estimulan el sistema inmunológico al hacer que el cuerpo incremente la producción de interferon gamma, el cual puede combatir las infecciones; se recomiendan una o dos tazas diarias de yogur.

8- *Coencima Q-10 (Co Q-10):* los estudios realizados muestran que esta encima puede incrementar un componente importante del sistema inmunológico (la gamma globulina). Una dosis de 30 mg. diarios es la recomendada como terapia de mantenimiento; si la persona está enferma, se recomienda aumentar la dosis a 90 mg.

9- *Ajo:* puede estimular y mejorar la respuesta del sistema. Tómelo en forma de cápsulas, lo cual equivale a un diente de ajo por día.

10- *Selenio:* puede mejorar el desempeño del sistema inmunológico, especialmente para combatir el cáncer. Puede, sin embargo, ser tóxico si se toman altas dosis, de modo que limite la dosis a 100 microgramos por día.

11- *Equinácea:* esta sustancia de plantas puede también estimular la función del sistema defensivo. No se debiera tomar todos los días ya que puede desarrollar tolerancia, lo cual la hace menos efectiva. Tome de dos a tres cucharaditas de tintura por día (o puede tomar las cápsulas) de cuatro a ocho por semanas; luego deje de tomarla por dos semanas.

12- *Glutathione:* es un poderoso antioxidante y estimulante del sistema inmunológico; la dosis diaria estándar es de 100 mg.

Otras vitaminas y antioxidantes

En Mateo 24 Jesús describe varios eventos que ocurrirán en los últimos días. En Mateo 24.7 Él nota específicamente pestes y enfermedades: «habrá pestes.» Muchas de las enfermedades que veremos en los últimos días (por ejemplo el SIDA) atacan a nuestro sistema inmunológico. Por lo tanto, debemos tomar medidas para fortificar y fortalecer ese sistema lo más posible.

Los investigadores han identificado muchas sustancias que pueden fortalecer nuestro sistema de defensa y disminuir la incidencia de diversas formas de cáncer y de enfermedades cardíacas. Uno de tales grupos es el conocido como los *antioxidantes.* Estos incluyen a la vitamina C, la vitamina E, el beta caróteno y el selenio.

Existen muchas fuentes alimenticias que nos proveen los antioxidantes que necesitamos. La siguiente es una lista de algunas de esas fuentes:

- *Vitamina C:* frutas cítricas, frutillas o fresas, cantalope, brócoli, patatas o papas, tomates y otras frutas
- *Vitamina E:* los aceites vegetales, el germen de trigo, el pan integral y las pastas.
- *Beta caróteno:* brócoli, cantalope, zanahoria, espinaca, calabaza o zapallo, batatas, damascos o albaricoques y otras verduras de color verde oscuro, naranjas o amarillas
- *Selenio:* pescado, carne, pan y cereales

Otra sustancia que aparentemente protege mucho a varias funciones del cuerpo es el mineral *cromo.* Se encuentra en la levadura de cerveza, los productos de trigo integral, el salvado de trigo, la cáscara de manzana y otras sustancias más. El cromo juega un rol importante en la diabetes, los niveles de colesterol, las enfermedades cardíacas y las cataratas; puede que esté asimismo involucrado en el proceso de envejecimiento.

Dosis de suplementos

Para asegurarse de un consumo adecuado de vitaminas y minerales, muchas personas toman *suplementos.* A continuación, usted encontrará una lista de los suplementos que yo personalmente tomo y que son recomendados por muchos investigadores en la actualidad.

- Vitamina C, 1.000 mg. dos veces al día
- Vitamina E, 800 UI por día
- Beta caróteno, 15 mg. por día. El beta caróteno puede venir en dosis de 25.000 unidades internacionales, lo cual equivale a 15 mg. Los fumadores no debieran tomar este suplemento
- Selenio, 100 microgramos una vez al día
- Cromo picolinado, 200 microgramos una vez al día
- Coencima Q-10 (CO Q-10), 30 mg. una vez al día
- Complejo B100, una tableta diaria
- Ajo, el equivalente a un diente de ajo por día
- Complejo vitamínico, una pastilla por día después de las comidas
- Calcio (carbonato), 1000 mg. una vez al día

Estas recomendaciones son para adultos y para niños mayores de dieciséis años. Los niños de dieciséis o menores debieran tomar un complejo vitamínico infantil.

Cómo mejorar la memoria y las funciones mentales

Segunda Timoteo 1.7 dice: «Porque no nos ha dado Dios espíritu de cobardía, sino de poder, de amor y de dominio propio.» La Palabra de Dios renueva nuestra mente en un sentido espiritual, pero la cuestión es si Dios puede, a través de medios físicos (tales como la comida), también producir cambios en el área de la mente. Él dijo: «quitaré toda enfermedad de en medio de ti», pero sólo después de haber bendecido nuestra comida (Éxodo 23.25). Ciertamente hemos descubierto que los alimentos pueden afectar en forma significativa el humor, la memoria y otras funciones mentales. Esta es una lista de algunos de esos alimentos:

1- *Pescado:* durante años se lo ha denominado «comida para el cerebro». Es rico en selenio y los estudios han revelado que las personas que no obtienen suficiente selenio tienden a sufrir depresiones, fatiga y ansiedad. Cuando hay suficiente selenio el humor tiende a mejorar en forma significativa. Una dosis diaria de 100 microgramos es la recomendada para asegurarnos de un consumo adecuado (y como protección contra el cáncer).

2- *Nueces:* ciertas nueces (coquito de Brasil o castaña de Pará) son ricas en selenio y pueden mejorar el ánimo. Las semillas de girasol y el salvado de avena son también ricos en selenio.

3- *Ácido fólico:* la deficiencia de ácido fólico puede llevar a la depresión, la demencia y aun a problemas siquiátricos. Esta deficiencia es común en los Estados Unidos y los estudios han demostrado que con ingerir tan solo 400 microgramos diarios se pueden incrementar los neurotransmisores (serotonina) y se corrige la falta de memoria, la depresión y la irritabilidad. La espinaca (una taza, cocida), los porotos blancos y las verduras de hoja verde (o un suplemento de 400 microgramos diarios) son buenas fuentes alimenticias del ácido fólico.

3- *Ajo:* los estudios indican que el ajo ayuda a levantar el ánimo. Las personas que lo consumen con regularidad informan que están menos irritables, fatigadas y ansiosas. Recomendamos ingerir una cápsula diaria, lo cual equivale a un diente de ajo por día (el ajo protege asimismo al corazón y previene el cáncer).

5- *Pimientos, chile o ajíes:* la capsaicina, un compuesto químico primordial en los chiles, puede ayudar a la liberación de elementos químicos en el cerebro (endorfinas) lo cual mejora el estado anímico de las personas.

6- *Cafeína:* la cafeína es utilizada por millones de personas literalmente para mejorar el ánimo. Los estudios muestran que puede en verdad funcionar como un antidepresivo leve a través de un efecto complejo sobre ciertas sustancias químicas del cerebro. Estudios adicionales han indicado que la cafeína puede incrementar la concentración, como así también los procesos mentales y la rapidez en las reacciones. No tome más de dos tazas de café por día. Debiera ser evitado por personas con pulso irregular, fibrosis cística en los senos y otros problemas médicos.

Una de las mayores preocupaciones de nuestros pacientes que están envejeciendo es la memoria. A pesar de que olvidarse de nombres y de tales cosas es algo común, necesitamos identificar los medios naturales que nos ha dado Dios para mantener a nuestras mentes en buen estado. Hay seis diferentes factores que han surgido en las investigaciones recientes y que son importantes para que la memoria funcione adecuadamente.

1- *Zinc:* leves deficiencias de zinc pueden llevar al deterioro de la memoria y de la actividad mental en general. Un consumo regular de cereales, carne de pavo y legumbres (todos estos ricos en zinc) puede prevenir esa deficiencia. La cantidad de zinc en la mayoría de los complejos vitamínicos (15 mg.) es por lo general suficiente para cubrir nuestras necesidades.

2- *Caróteno:* es importante el consumo de cantidades adecuadas para asegurar el buen funcionamiento de los procesos mentales. Las verduras de hoja verde oscuro, las zanahorias y las batatas son buenas fuentes de caróteno. Una cápsula diaria de 15 mg. es más que suficiente (y ofrece protección contra el cáncer y las enfermedades cardíacas).

3- *Hierro:* es esencial para mantener el normal funcionamiento mental. Se encuentra en verduras de hoja, carne roja magra y en los complejos vitamínicos. Una cantidad excesiva puede ser nociva.

4- *Rivoblavina:* se encuentra en las almendras (diez por día), cereales y leche descremada. Ayuda al buen funcionamiento de la memoria.

5- *Tiamina:* otra sustancia esencial para el funcionamiento normal de la memoria, la tiamina se encuentra en los cereales de salvado de trigo, nueces (por ejemplo, almendras) y en el germen de trigo.

6- *Evite las grasas animales:* las grasas animales no solo incrementan el riesgo de enfermedades cardíacas y numerosos tipos de cáncer, sino que también alteran los neurotransmisores en el cerebro, lo cual a su vez puede causar cambios en la memoria y afectar los procesos mentales. No consuma carne magra más de una vez a la semana. Recuerde: utilice leche descremada (1%-2%) y quesos desgrasados. Limite el uso de mantequilla o manteca, margarina y dulces, y quite la piel del pollo. (Véase Levítico 3.17; 7.23.)

El uso de hierbas medicinales

Hay un creciente interés en lo que se conoce como «medicina alternativa»; son prácticas médicas que difieren de lo tradicional. Una de estas áreas implica el uso de hierbas. ¿Son seguras las hierbas? ¿Cuáles están siendo estudiadas y se utilizan más que otras? En esta sección vamos a explorar esta área de la práctica médica. Ciertas compañías de seguros cubren ahora los tratamientos con hierbas si son recomendados por el doctor, y la FDA (Administración de Drogas y Alimentos) en Estados Unidos está estudiando y promoviendo la investigación del uso de preparados de hierbas.

Hasta un 50% de las recetas médicas actuales se originan en el mundo vegetal. Dentro de las plantas se encuentran poderosas sustancias químicas; algunas nos pueden ayudar, otras nos pueden dañar.

Hay muchas hierbas que presentan un verdadero riesgo, pero el problema es que muchos ingredientes de hierbas no han sido estudiados lo suficiente. Sabemos, por ejemplo, que la consuelda, el coltsfoot y la borraja contienen toxinas (alcaloides de pirolicidina) que a la larga pueden causar daños al hígado. El chaparral puede también causar insuficiencia hepática. El penerial, el yohimbé, la nuez de cola y el mahuang pueden también causar problemas médicos.

Echemos una mirada a las trece hierbas más populares para observar qué es lo que hemos aprendido acerca de ellas.

1- *Manzanilla:* utilizada como té, ungüento y loción, y aun como sedante suave. También parece ser efectiva en el tratamiento de las inflamaciones y de los espasmos en el aparato digestivo.

2- *Equinácea:* ha demostrado que sirve para estimular el sistema inmunológico y se utiliza para resfriados e infecciones tipo gripales. Solo se debe usar en forma intermitente (máximo ocho semanas); la preparación en forma de tintura es la más potente. Se recomienda una dosis diaria de dos a tres cucharaditas.

3- *Febrifugia:* el uso más prometedor de esta hierba es para el tratamiento de los dolores de cabeza, en especial las migrañas. Se utiliza también para la artritis y los dolores de estómago. Use las hojas secas (25 mg. dos veces al día), o el extracto líquido (un cuarto a media cucharadita de té tres veces por día).

4- *Ajo:* ha demostrado poseer múltiples beneficios. Combate las bacterias, fortalece el sistema inmunológico, eleva el buen colesterol (LAD) y tiene poderosos efectos para combatir el cáncer. Se recomienda una cápsula equivalente a un diente de ajo fresco por día.

5- *Jengibre:* se utiliza para prevenir náuseas y mareos y para la digestión. Puede ayudar a combatir los resfriados. Se utiliza un gramo de raíz en polvo dos a tres veces al día.

6- *Ginkgo:* ha demostrado en muchos estudios que ayuda a mejorar la circulación, especialmente al cerebro, y por lo tanto mejora la memoria y los dolores de cabeza; ayuda también para combatir la depresión. El ginkgo funciona asimismo como un antioxidante. Una dosis típica sería de 40 mg. tres veces por día.

7- *Ginseng:* se recomienda para el incremento de la capacidad física y mental y en momentos de estrés, para fortalecer la resistencia física. Los datos sobre el ginseng no son tan convincentes como los de otras hierbas, y hay mucho abuso en el mercadeo de esta hierba. En la actualidad se están realizando estudios más detallados al respecto.

8- *Goldenseal:* es un té que se utiliza para problemas respiratorios y para la sinusitis. Puede combatir ciertas infecciones bacteriales y parasitarias, pero no se debiera tomar durante largos períodos de tiempo (dos semanas como máximo). La dosis sería de una taza de té (2 a 4 gr.) tres veces al día. Si se usa la tintura, tomar de una y media a tres cucharaditas tres veces por día.

9- *Leche de cardo:* se ha utilizado en Europa para tratar la cirrosis hepática; ayuda a las células del hígado a rejuvenecerse en condiciones tales como la ictericia o inflamación de las células hepáticas debido a los efectos de la sustancia química silimarin. Se ha utilizado un extracto estandarizado (70 a 210 mg.) tres veces por día.

10- *Menta:* se ha usado para mejorar la digestión, en especial los gases excesivos. Por lo general se utiliza como té, pero se desconoce la dosis exacta que debiera tomarse.

11- *Seronoa repens:* esta planta antillana ha sido usada mucho en Europa para tratar los problemas de próstata en los hombres. Los hombres que experimentan dificultad al orinar, lentitud o demasiada frecuencia debieran, por supuesto, consultar al médico, pero quizás quieran probar y tomar 160 mg. dos veces por día.

12- *Valeriana:* puede ser utilizada como un tranquilizante leve y para los problemas de insomnio. Se puede tomar en forma de té (1 a 2 gr.) media hora antes de irse a la cama, o usar el extracto líquido (media a una cucharadita) o el extracto sólido (250 a 500 mg.).

13- *Corteza del sauce:* ampliamente usada como un té para los dolores de cabeza, dolores musculares y la artritis. Contiene salicilato, el ingrediente activo de la aspirina. Quizás sea una hierba demasiado débil; pienso que una aspirina recubierta sería más efectiva.

Todas estas sustancias naturales son parte del camino de sanidad del remedio bíblico. En lo que va de este capítulo hemos hablado acerca de su uso como parte de una dieta alimenticia diaria para ayudar a que el cuerpo desarrolle su resistencia a enfermedades de todo tipo. En lo que resta del capítulo observaremos en detalle a algunas de las características de estas sustancias naturales, las cuales realmente ayudan a nuestro cuerpo a sanarse de un gran número de enfermedades.

Cómo curar la artritis

Una de las enfermedades más comunes, dolorosas y debilitantes que enfrentan los hombres y las mujeres es la artritis, especialmente la osteoartritis. Hay muchas formas de artritis (tales como la artritis reumatoidea, la artritis de gota y otras). En la osteoartritis, la forma más común, el cartílago entre las articulaciones se ablanda y afina, y el cartílago se descompone o lesiona y pierde elasticidad. Este proceso se puede detectar con rayos X en casi toda persona mayor de cuarenta años, pero es posible que no duela (a pesar que en Estados Unidos entre 15.000.000 y 20.000.000 de personas experimentan algún tipo de dolor). Los síntomas incluyen dolor en los nudillos, dedo grande del pie, pulgares, caderas, rodillas, partes superior e inferior de la espina dorsal y rigidez en el cuerpo, sobre todo por la mañana.

¿Qué se puede hacer para desacelerar este proceso y evitar que los huesos se froten entre sí cuando el cartílago se va gastando? Podemos utilizar varias técnicas; algunas muy conocidas y probadas, mientras que otras son mucho más nuevas y no han sido estudiadas en detalle, pero aparentan ser muy efectivas.

Los siguientes tratamientos representan los últimos métodos que parecen ser útiles para aliviar el dolor y la inflamación de la osteoartritis y para evitar que la enfermedad se empeore.

1- *Glucosamina:* el cuerpo humano produce naturalmente esta sustancia (una amino azúcar), pero también se la puede comprar sin receta médica. Estimula la reparación de los cartílagos y es un antinflamatorio. La dosis típica es de 500 mg. tres veces al día. Se la puede adquirir en tiendas de alimentos naturales y no ofrece ningún riesgo.

2- *Sulfato de condroitina:* esta sustancia química producida en el cuerpo (también un amino azúcar) ayuda a incrementar la retención de agua en el cartílago, lo cual lo hace más elástico. Además bloquea a las encimas que destruyen el cartílago. Una dosis típica es de 1000 a 2000 mg. diarios; es también posible obtenerlo en las tiendas de alimentos naturales y su ingestión tampoco ofrece ningún riesgo.

3- *Vitamina D:* se ha realizado un estudio en el centro médico de la Universidad de Boston que demuestra que la vitamina D puede impedir que la osteoartritis avance, especialmente en las rodillas. Esta vitamina ayuda a conservar al cartílago intacto y a prevenir el deterioro en los huesos. La dosis que se recomienda es de 400 unidades diarias (una dosis demasiado alta puede causar problemas hepáticos).

4- *Ejercicio físico:* el ejercicio verdaderamente nutre a las articulaciones. El empujar en contra o ejercitar las articulaciones estimula a los nutrientes en el cartílago, los movimientos hacen que el líquido fluya nuevamente hacia él. Este proceso puede tanto nutrir como lubricar las articulaciones. Una caminata rápida, ejercicios aeróbicos acuáticos y andar en bicicleta son todos muy buenos ejercicios para prevenir la artritis.

5- *Peso corporal:* esta es una de las áreas más importantes que debemos discutir; el peso excesivo puede literalmente desgastar a los cartílagos. Tenemos un par de manuales de estudio a su disposición en nuestra clínica para ayudarlo. Algunos de nuestros pacientes han perdido hasta veinticinco kilos cuando siguieron las indicaciones de estos manuales.

6- *Controle el dolor:* las duchas calientes, los baños y compresas calientes estimulan la circulación y alivian el dolor. El uso ocasional de acetaminofén es útil, pero no lo tome a diario; a algunas personas le afecta el hígado. Tenga cuidado con el ibuprofen, la aspirina y el naproxen, ya que pueden afectar el estómago y los riñones.

7- *Otros tratamientos:* hay ciertas hierbas que pueden ayudar con la artritis, pero los estudios realizados son escasos. La capsicina (un ungüento de pimienta de cayena) puede bloquear el dolor. Hay informes de que el jengibre (raíz de jengibre en polvo) ha ayudado a muchas personas con una dosis diaria de 1.000 a 3.000 mg. Ambos productos se encuentran en farmacias o en tiendas de alimentos naturales. Una última palabra de precaución: consulte con un médico para estar seguro de qué tipo de artritis tiene. La recomendación dada es para el tipo común de osteoartritis, el desgaste común que ocurre con los años. La artritis reumatoidea (una forma menos común de artritis) es una reacción exagerada del sistema inmunológico. Otras formas de artritis, tales como la de gota, requieren tratamientos totalmente diferentes (usted debe ir a ver a su médico).

Recuerde: para poder orar «la oración eficaz del justo» (Santiago 5.16) usted debe saber específicamente qué tipo de artritis está combatiendo, para así tomar autoridad sobre ella. Siempre combine el poder espiritual de la oración con los métodos naturales descritos anteriormente para encontrar su camino hacia la sanidad.

Cómo curar la diabetes

La diabetes es un problema muy serio de salud que afecta a 15.000.000 de norteamericanos, y hay 500.000 casos nuevos por año. Esta enfermedad puede afectar al corazón, los ojos, los riñones y los nervios. Lo bueno es que se han descubierto nuevas técnicas que pueden reducir el azúcar y aun revertir la diabetes. La fibra se está convirtiendo en el factor principal para reducir el azúcar en la sangre. La fibra ha reducido la necesidad de insulina en un 30% a 40% en los diabéticos tipo I. En la diabetes tipo II, según uno de los estudios, la mayoría de los pacientes habían dejado la insulina en apenas diez a veinte días.

¿Cuáles son las claves para reducir los riesgos de la diabetes y posiblemente revertirla?

- *Fibra hidrosoluble:* se obtiene del salvado de avena (un tercio de taza por día); frijoles o porotos secos (media taza cinco veces por semana), incluyendo a las habichuelas y los pintos.
- *Pescado:* en un estudio realizado a lo largo de cuatro años, el 45% de las personas que no comían pescado desarrollaron intolerancia a la glucosa versus apenas un 25% de los que comían pescado. Los que comían pescado tenían solo la mitad de posibilidades de contraer intolerancia a la glucosa que los que no comían. Con solo comer unos 30 gr. de pescado cuatro a cinco veces a la semana era suficiente. Trate de comer pescados de aguas frías, tales como el bacalao, el salmón, la caballa y la trucha.
- *Ejercicio físico:* de 22.000 personas sometidas a un estudio, aquellas que hacían ejercicio cinco o más veces por semana tenían sólo un 42% de incidencia de diabetes comparadas con aquellas que hacían ejercicio menos de una vez por semana. Aquellas que hacían ejercicio de dos a cuatro veces por semana tenían un 38% de incidencia de diabetes comparadas con aquellas que hacían ejercicio menos de una vez a la semana. Aun aquellas que hacían ejercicio una vez a la semana tenían solo un 23% de incidencia de diabetes comparadas con aquellas que lo hacían menos de una vez por semana.
- *Vitaminas y minerales:* ciertas vitaminas tales como los antioxidantes (vitaminas C, E, beta caróteno y selenio) pueden ofrecer protección a las arterias en las personas diabéticas. Tome de 800 a 1000 microgramos de cromo picólico por día.

Cómo revertir las enfermedades cardíacas

Más de un 53% de las personas en los grandes países industrializados mueren de enfermedades cardíacas. Son causadas por los depósitos de grasa que se acumulan en las arterias, a menudo comenzando en los años de juventud. Los síntomas van desde una angina (tensión o presión en el pecho) a un dolor agudo asociado con un ataque al corazón, a una insuficiencia cardíaca congestiva con acumulación de líquidos en el cuerpo. Se pueden seguir los siguientes pasos para revertir las enfermedades cardíacas, si ya las tiene, o para prevenirlas, en caso de que usted no tenga todavía problemas.

1- *Reduzca el consumo de grasas:* no coma carne más de tres a cuatro veces por mes y no coma nada de carne tres veces por semana. Coma sólo frutas o verduras en esos días. Coma pescado dos a tres veces a la semana, preferiblemente pescados de aguas frías (salmón, bacalao, arenque). Utilice aceites de canola y de oliva.

2- *Ejercicio físico:* haga ejercicio por lo menos tres veces a la semana y no más de seis veces por semana. Las sesiones deben durar de treinta a sesenta minutos. Haga todo el ejercicio de una vez y trate de mantener su pulso elevado, sin permitir que decaiga. Es bueno caminar, andar en bicicleta o trotar, tanto al aire libre como en un gimnasio.

3- *Vitaminas:* ingiera las vitaminas que le son recomendadas, especialmente la vitamina E (800 unidades por día). Puede evitar que el colesterol nocivo se deposite en sus arterias.

4- *Coencima Q-10 (Co Q-10):* lo apropiado es una dosis diaria de 30 mg.; se puede tomar más si existen ciertos tipos de problemas cardíacos (insuficiencia cardíaca congestiva); consulte con su médico.

5- *Ajo:* tome de una a dos cápsulas concentradas por día. La concentración varía, pero el equivalente a un diente de ajo diario puede diluir la sangre e incrementar el colesterol bueno.

6- *Salvado:* incluya el salvado hidrosoluble, una parte importante de una dieta sana, en su plan de alimentación diaria. Recomendamos un tercio de taza de salvado de avena por día y una forma adicional de salvado de trigo, tal como los cereales All Bran y Fiber One (media taza diaria).

7- *Psyllium:* tome de una a dos cucharaditas por día si su colesterol es alto.

8- *Una dieta con poca sal:* busque formas de reducir su consumo

115

de sal—cuando sus comidas son preparadas no les agregue sal, y en la mesa use la liviana o un sustituto.

9- *Pierda peso:* comience a seguir las instrucciones del remedio bíblico para reducir de peso. No se pese más de una vez a la semana y pierda entre un kilo y un kilo y medio por semana, no más de eso, ni tampoco menos. Si usted no ha perdido esa cantidad, trate de reducir las calorías en la semana siguiente. Tome un desayuno y una cena liviana.

10- *Aspirina infantil:* tome una por día pero consulte con su doctor, ya que algunas personas no debieran tomar aspirina.

11- *Controle su presión arterial:* es muy importante que controle su presión arterial. Si su nuevo plan de comidas basado en el remedio bíblico no le mantiene aún la presión baja, pregúntele a su doctor si debe tomar algún medicamento adicional. Hay unos medicamentos nuevos que con solo tomar una pastilla por día se consiguen muy buenos resultados. Estos medicamentos controlan la presión arterial sin poseer efectos secundarios.

12- *Controle el azúcar en la sangre:* deje que le examinen el azúcar en la sangre. Si está alta, hay formas muy sencillas de reducirla.

13- *Hágase chequeos de salud en forma regular:* sepa contra qué está batallando; hágase un examen de estrés (electrocardiogramas mientras camina), análisis de sangre completo y un buen chequeo general de todo su cuerpo.

14- *Reduzca su colesterol:* si las medidas ya mencionadas no le reducen el colesterol, pregúntele a su médico acerca de los medicamentos derivados de plantas que se toman sólo una vez al día, los cuales pueden reducir las grasas en la sangre. Estos medicamentos no tienen casi ningún efecto secundario y pueden revertir el endurecimiento de las arterias, pero deben ser recetados por su doctor. Trate de que su colesterol total sea menos de 200 y que la relación entre el colesterol malo y el bueno sea de cuatro a cien.

15- *Trate sus síntomas:* si usted tiene angina (dolor en el pecho, tensión, presión), algunos de los nuevos medicamentos (betabloqueantes) pueden realmente revertir el endurecimiento de las arterias.

16- *Insuficiencia cardíaca congestiva:* los nuevos bloqueantes son esenciales para esta enfermedad. Si usted tiene insuficiencia cardíaca congestiva, debe reducir el consumo de sal a tres gramos por día y asimismo su consumo de líquidos. Tome hasta 100 mg. de Co Q-10. Otros medicamentos tales como el Lanoxin pueden ser también necesarios.

El endurecimiento de las arterias

Existen nueve factores alimenticios que pueden reducir el riesgo de que se endurezcan las arterias (lo cual puede conducir a un derrame cerebral o a un ataque al corazón):

1- *Coma mayor cantidad de hidratos de carbono* complejos por medio de un aumento en el consumo de frutas, cereales y verduras.

2- *Enfatice el consumo de grasas polinsaturadas,* lo cual incluye a los aceites de oliva y de canola, que reducen los niveles del colesterol.

3- *Incremente la fibra en su dieta* (en especial el salvado de avena).

4- *Consuma poco alcohol.* Las grandes cantidades de alcohol incrementarán su presión arterial y el riesgo de un derrame.

5- *Limite su consumo de cafeína a dos tazas de café común por día.* Recuerde que la cafeína puede incrementar los niveles de colesterol y conducir a irregularidades cardíacas.

6- *Limite la sal en su dieta.* Puede elevar la presión arterial.

7- *Reduzca sus niveles de colesterol* comiendo menos yema de huevos, quesos y carnes grasas.

8- *Reduzca el consumo de grasas saturadas.* Coma menos mantequilla o manteca, crema, leche entera (use la descremada), chocolate, masas y aceites de coco y de palma.

9- *Evite comer muchas calorías.* Que su consumo de calorías equivalga a la cantidad de ejercicio que usted hace.

Cómo combatir el cáncer

El Instituto Nacional del Cáncer en Estados Unidos y otros numerosos centros de investigación están en el medio de grandes proyectos de investigación de las sustancias químicas en los alimentos (fitoquímicos) que pueden prevenir y aun quizás contrarrestar los efectos del cáncer en el cuerpo. Curiosamente, treinta y cinco siglos atrás Dios nos habló acerca de la comida. Para Él, el tema de nuestra dieta era de tal importancia que creó el mundo, los animales y el hombre en el espacio de los primeros veintiocho versículos del libro de Génesis, reservando la segunda mitad del capítulo uno para hablar acerca de los alimentos. Aproximadamente una persona de cada cinco se morirá de cáncer (algo así como 1500 personas por día), pero algunos cálculos indican que hasta un 50% ó 60% de todos los casos de cáncer podrían ser prevenidos con una mejor alimentación.

Diez alimentos que combaten el cáncer

Los investigadores están descubriendo que existen numerosos componentes anticancerígenos en los alimentos. Algunos evitan que las células se vuelvan malignas mientras que otros tienden a bloquear el suministro de sangre al cáncer. Existen diez clases diferentes de alimentos que demuestran tener estas cualidades. La siguiente lista le dará un informe rápido acerca de ellos.

1- *Soja:* la soja contiene genistein, lo cual puede cortar el suministro de sangre a las células cancerosas. Puede ser especialmente útil para el cáncer de mama y el cáncer de ovario ya que puede bloquear ciertos receptores de estrógeno. Algunos alimentos serían el queso de soja, la harina de soja y el miso. Los maníes o cacahuates, el mung (semilla cuyo brote se utiliza en la cocina oriental) y los brotes de alfalfa contienen una menor cantidad de esta sustancia química. La soja contiene además otros fuertes componentes anticancerígenos (bloqueantes de proteínas, saponina) los cuales incrementan la función del sistema inmunológico.

2- *Chiles:* la capsicina es una sustancia química que se encuentra en los pimientos, ajíes o chiles y que puede neutralizar a ciertas sustancias que causan cáncer, ayudando a prevenir ciertos tipos como el de estómago.

3- *Ajos y cebollas:* ambos contienen componentes de allium, los cuales aumentan la actividad de las células inmunes que combaten el cáncer e indirectamente ayudan a destruir las sustancias que lo producen. Los cebollinos o cebolletas también contienen esta sustancia química. Hay más de treinta componentes anticancerígenos en estas sustancias. No sólo puede el ajo prevenir el cáncer, sin que también combatirlo y estimular los mecanismos de defensa del cuerpo. Considere tomar el extracto de ajo disecado en forma de cápsulas, ingiriendo el equivalente a un diente de ajo diario. Coma cebollas con frecuencia.

4- *Uvas:* las uvas contienen un ácido que bloquea las encimas necesarias para el crecimiento de las células de cáncer, disminuyendo así el crecimiento de tumores. Las uvas poseen asimismo componentes que pueden evitar la formación de coágulos en la sangre. Otra sustancia que se encuentra en el pellejo de la uva es el resveratrol, el cual previene el depósito de colesterol en las arterias.

5- *Frutas cítricas:* los cítricos contienen limoneno, lo cual estimula a las células inmunes que matan el cáncer (linfocitos T y otras). Asimismo destruyen las sustancias que producen cáncer. Las naranjas en particular han demostrado ser útiles para combatir el cáncer. Existen unas sesenta sustancias químicas anticancerígenas en los cítricos. Las limas y el apio también se encuentran en esta categoría, a pesar de que no son tan potentes.

6- *Raíz de regaliz u orozuz:* la sustancia química glycyrrhiza bloquea un componente de la testosterona y por lo tanto puede ayudar a prevenir el crecimiento del cáncer de próstata. Esta se encuentra en la raíz de regaliz. Cuidado: cantidades excesivas pueden elevar la presión arterial.

7- *Tomates:* los tomates contienen licopene, una sustancia anticancerígena que según algunos investigadores es más poderosa que el beta caróteno. Las sandías, las zanahorias y los pimientos colorados también poseen esta poderosa sustancia. La vitamina C, un antioxidante que puede prevenir el daño a las células lo cual conduce al cáncer, se encuentra también en los tomates.

8- *Té (no de hierbas):* el té contiene ciertos antioxidantes conocidos como la polifenois y el catechins, los cuales evitan la división de las células cancerosas. El té verde es el mejor, seguido por nuestro té común (los tés de hierbas no poseen esas cualidades). Tome dos o tres tazas por día.

9- *Brócoli y repollos o coles:* estas verduras crucíferas contienen varias sustancias químicas que combaten el cáncer (por ejemplo, los indoles). Los indoles pueden afectar el estrógeno, convirtiéndolo en benigno para que no estimule a las células anormales del cáncer de mama. Los repollitos de Bruselas y el coliflor también están dentro de esta categoría.

10- *Verduras de hoja:* cuanto más oscuras, poseen tanto más sustancias químicas que combaten el cáncer, tales como la luteína, el beta caróteno y el carotinoide. La espinaca y la lechuga son muy buenas fuentes

Cómo reducir el riesgo de cáncer

Existen trece factores principales alimenticios que afectan el riesgo de cáncer. Lea estos factores con cuidado y luego propóngase seguir estas pautas para disminuir el riesgo de desarrollar cáncer en su propio cuerpo.

- Incremente el consumo de alimentos ricos en vitamina A.
- Coma verduras crucíferas diariamente.
- Incluya alimentos ricos en vitamina C en su dieta.
- Coma fibra a diario.
- Incluya alimentos ricos en selenio (pollo, pescados y granos).
- Incluya alimentos ricos en vitamina E (aceites vegetales, cereales, verduras de hoja).
- Limite el consumo de cafeína. Puede aumentar la incidencia de ciertos tipos de cáncer (vejiga, páncreas).
- Limite el uso de edulcorantes artificiales; en especial la sacarina ya que no estamos seguros de sus posibles efectos cancerígenos.
- Evite consumir alimentos carbonizados. Tenga cuidado con los alimentos cocidos en la parrilla y sobre el carbón —pueden aumentar el riesgo de cáncer.
- Evite alimentos que contengan nitritos tales como los alimentos ahumados; pueden incrementar el riesgo de cáncer. Limite el consumo de tocineta, salchichas (hot dog), salames, pescado y carnes ahumadas.
- Evite las calorías excesivas. Demasiadas pueden aumentar el riesgo de cáncer de colon, uterino y de pecho.
- No consuma demasiado alcohol, lo cual conduce al cáncer de hígado, boca, garganta y esófago.
- Consuma menos grasas. Incrementan el riesgo de cáncer de colon, pecho y próstata; consuma poca grasa y evite la mantequilla o manteca, huevos, queso, masas y carnes grasas.

Si usted tiene cáncer

Si usted tiene cáncer, considere estas pautas alimenticias:

1- *Grasas:* reduzca o elimine las grasas animales. Evite los aceites de alazor, maíz y maní. Utilice más cantidad de grasas monoinsaturadas tales como los aceites de oliva y de canola.

2- *Aceites de pescado:* los ácidos grasos Omega-3 que se encuentran en los pescados de aguas frías (bacalao, caballa, arenque) pueden reducir el tamaño de los tumores cancerosos. Se pueden ingerir cápsulas de aceite de pescado.

3- *Beta caróteno:* no sólo puede ayudar a prevenir el cáncer, sino que también demuestra la capacidad de combatirlo. Las verduras y frutas color naranja y amarillo son las mejores (batatas y cantalopes). Se recomiendan las cápsulas (30 mg. por día) como suplemento.

4- *Repollos o coles y brócoli:* estas verduras son poderosos agentes anticancerígenos, especialmente para el cáncer de mama; coma varias porciones por día.

5- *Yogur:* el yogur descremado puede ayudar a que el cuerpo aumente los niveles de sustancias químicas que combaten el cáncer; coma 180-225 gr. por día.

6- *Regaliz u orozuz:* como vimos anteriormente, se están estudiando estas raíces por sus propiedades para combatir el cáncer. Se desconoce aún cuál es la dosis correcta. Se puede hacer un té con la raíz molida.

Existen otros suplementos además de los alimentos ya mencionados, que recomendamos por sus propiedades para combatir el cáncer. Se encuentran en nuestro manual de estudio «Vitaminas».

Cómo prevenir el cáncer de próstata

El cáncer de próstata es el tumor más común en los hombres actualmente. Atacará a un cuarto de millón de hombres y matará a casi 40.000 por año. Todos los hombres de más de cincuenta años —y los menores de cincuenta que tengan una historia familiar de cáncer de próstata— debieran hacerse el nuevo análisis de sangre denominado PSA. Todos los hombres debieran seguir los ocho pasos descritos a continuación para ayudar a prevenir la formación del cáncer y para ayudar a curarlo, si es que ya lo tienen.

1- *Reduzca las grasas saturadas:* no coma carne más de tres veces por mes. Evite los quesos y cambie a la leche descremada. La carne roja está especialmente vinculada a mayores riesgos y la mantequilla también. Evite la mayonesa, los aderezos cremosos y la mantequilla porque contienen un ácido graso llamado alfalinoleico; use el aceite de oliva y el de canola como sus principales fuentes de grasas.

2- *Antioxidantes:* tome muchas vitaminas C, E y beta caróteno, los cuales se encuentran en las frutas y verduras de color amarillo, naranja y verde oscuro. Las almendras (diez por día) son un buen suplemento de vitamina E. Agregue los siguientes suplementos a su dieta diaria: vitamina C (1000 mg. dos veces al día), vitamina E (800 unidades diarias), beta caróteno (30 mg. o 50.000 unidades diarias).

3- *Calcio:* este puede ayudar a reducir la formación de tumores y reducir la absorción de un ácido graso que causa la formación de tumores (ácido alfalinoleico). Obtenga el calcio del yogur, requesón y leche descremados. Agregue diariamente 1000 mg. de calcio (carbonato de calcio) a su dieta.

4- *Ajo:* como ilustramos anteriormente, cuanto más ajo consumimos, tanto menor será la incidencia de cáncer. El ajo puede limitar el crecimiento de tumores en una forma marcada, matar células cancerosas y reducir tumores. Use una prensa de ajo y tome diariamente cápsulas que equivalgan a un diente de ajo. Debe tomarse en forma consistente.

5- *Vitamina D:* los niveles altos de vitamina D pueden proteger contra el cáncer de próstata. Los hombres de climas cálidos tienen una menor incidencia de cáncer de próstata (el sol ayuda a la piel a producir vitamina D, pero no se exponga demasiado). La leche descremada y el pescado son buenas fuentes de esta vitamina. Tenga cuidado con los suplementos: 200 unidades por día pueden ser tóxicas. Obtenga la vitamina D de los alimentos.

6- *Té:* los compuestos en el té verde pueden bloquear el crecimiento de tumores. Tome dos tazas por día. Lipton y otras compañías lo producen.

7- *Soja:* los productos de soja pueden limitar la propagación del cáncer y detenerlo en su crecimiento inicial. El queso y las hamburguesas de soja están entre las fuentes de este alimento protector.

8- *Comino:* esta especia puede prevenir el desarrollo del cáncer de próstata. Puede usarse sobre verduras y en diversos platillos.

Tabla de alimentos protectores

A: nivel alto - M: nivel medio

Alimento	Frecuencia	Fibra	Crucíferas	Vitamina C	Beta caróteno	Calcio	Omega 3	Selenio
Leche	Diariamente					A		
Yogur descremado	Diariamente					A		
Pan de trigo integral	Diariamente	A						A
Salvado de avena o de trigo	Diariamente	A						
Brócoli	Una vez a la semana	M	A	A	A	A		
Repollitos de Bruselas	Una vez a la semana	M	A	A				
Repollo o col	Una vez a la semana	M	A	A		M		M
Cantalope	Una vez a la semana			M	M			
Zanahorias	Una vez a la semana	A			A			M
Tomate	Una vez a la semana	A		M	M	M		
Hojas (mostaza, nabo)	Una vez a la semana	A		A	A	M		
Legumbres (frijoles, arvejas o guisantes)	Una vez a la semana	A						
Batatas	De 7 a 10 días	M		M				
Espinaca	Una vez a la semana			M				
Frutillas o fresas	Una vez a la semana	M		A				
Carne vacuna magra	De 1 a 2 veces por semana							A
Salmón, bacalao (frescos)	Una vez a la semana					M	M	M
Salmón (en lata)	Una vez a la semana						M	M
Atún (en lata)	Una vez a la semana						M	M

Beneficios de los fitoquímicos

Plantas	Extractos	Beneficios para la salud
Brócoli, col rizada, rabanito	Sulforafane	Impide los crecimientos.
Repollo o col	Isothlocianate	Impide el desarrollo del cáncer de pulmón y otros.
Coliflor	Varios	Impide el desarrollo del cáncer de mama.
Plantas cítricas	Quercetín	Alergias y otros problemas cardíacos.
Ajo y cebolla	Allicín	Disuelve los coágulos de sangre, reduce la presión arterial, ayuda a normalizar los niveles de colesterol altos y los latidos cardíacos irregulares, detiene el desarrollo del cáncer de pulmón y otros.
Jengibre	Gingerol	Alivia la artritis, detiene las úlceras, ayuda a curar lesiones cutáneas y es un antioxidante.
Hojas de té verde	EGCG	Es un antioxidante y detiene los crecimientos, reduce el colesterol, ayuda a reducir los problemas cardíacos, derrames cerebrales, e infecciones.
Hojas de ginkgo	Flavones	Mejora la circulación, reduce los coágulos sanguíneos; mejora las jaquecas, zumbido en los oídos, depresión, e impotencia.
Espino	Flavonoides	Reduce el colesterol y detiene las alergias.
Paprika	Canthaxancín	Antioxidante.
Romero	Ácido rosmarínico	Impide los crecimientos y ayuda a aliviar los problemas cardíacos.
Spirulina	Varios	Desintoxica la sangre y estimula la producción del más poderoso antioxidante del cuerpo, el superóxido dismutase.
Tomate	Licopenes	Impide el crecimiento y la enfermedad de la próstata.
Curcuma o azafrán de las Indias	Curcumin	Alivia la artritis.
Diversas plantas	Ácido cumárico	Impide los crecimientos.
La mayoría de las plantas	Clorofila	Desintoxica la sangre, ayuda a curar escaras, e impide los crecimientos.

7

ENFRENTANDO EL REMEDIO MÁXIMO: LA MUERTE Y MÁS ALLÁ DE LA MUERTE

POR LINDA CHERRY

Una señora de 84 años, con muchos, muchos problemas de salud, me escribió recientemente para contarme que había perdido a su esposo. Ella tenía que enfrentarse todos los días al profundo dolor de esa pérdida y además soportar diversas enfermedades en su cuerpo ya gastado. Cerca del final de la carta, me dice: «Ya no puedo salir afuera. Estoy siempre en mi silla de ruedas. Mido casi 1,60 m. y peso solamente 45 kg. Me aferro al Señor. Estoy esperando que Él me lleve a casa. Me estoy preparando porque quiero verlo cara a cara.»

El énfasis de este libro está en enseñarle cómo mantenerse sano. Es para que usted pueda estar fuerte y sano para ir y cumplir con la Gran Comisión: «Id por todo el mundo y predicad el evangelio a toda criatura» (Marcos 16.15). Le enseñamos a la gente que Jesús es el Sanador; Jesús es el Libertador; Él suplirá todas sus necesidades. Usted le pertenece. Pero todos debemos estar preparados para enfrentar el momento en que nos llega la cura máxima de Dios, cuando nuestros cuerpos físicos no sirven más y mueren, liberando a nuestro espíritu para recibir nuestra sanidad eterna y para ver al Gran Sanador, cara a cara en el Cielo, donde viviremos para siempre.

Todos deseamos retrasar el momento de nuestra muerte lo

más posible. Queremos estar sanos y seguimos el camino de sanidad de Dios para que Él pueda hacer en forma sobrenatural lo que nosotros no podemos hacer en lo natural. Pero el máximo propósito de nuestra vida —la razón por la cual Jesús quiere que le entreguemos nuestro corazón y seamos sus hijos— es que nos preparemos para nuestro hogar eterno.

Este no es nuestro hogar; solo estamos de paso. El capítulo 11 de Hebreos habla de los «héroes de la fe», quienes pasaron a su hogar eterno:

> «*Conforme a la fe murieron todos estos sin haber recibido lo prometido, sino mirándolo de lejos y creyéndolo y saludándolo y confesando que eran extranjeros y peregrinos sobre la tierra. Porque los que esto dicen, claramente dan a entender que buscan una patria; pues si hubiesen estado pensando en aquella de donde salieron, ciertamente tenían tiempo de volver. Pero anhelaban una mejor, esto es, celestial; por lo cual Dios no se avergüenza de llamarse Dios de ellos; porque les ha preparado una ciudad.*»
>
> HEBREOS 11.13-16

Nosotros, como estos héroes tempranos de la Biblia, debemos trabajar para el Señor en esta tierra. Se nos ha dado la gran oportunidad de tener una relación personal con Dios, en comunión con Él y alabándolo cada día. Podemos caminar con Él y sentir su presencia a nuestro alrededor. Pero al final todos lo veremos cara a cara. Tendremos una muerte física, pero no moriremos una muerte espiritual: iremos y viviremos con Él para siempre.

Cuando leo cartas como la de esa señora viuda de 84 años se me quebranta el corazón, porque siento el dolor que experimentan las personas que no pueden dejar ir a los seres queridos que han partido con el Señor. A pesar de que saben que sus seres queridos están con Él, luchan durante años para «dejarlos ir».

Hace poco me vi enfrentada al mismo problema. A través de la experiencia de perder a mi papá, el Señor me enseñó muchas cosas que creo pueden servir para ayudar a otras personas a enfrentar sus pérdidas a la manera de Dios —reconociendo que la muerte es la cura máxima para el individuo y alegrándonos de que nuestro ser querido está libre de las ataduras de un cuerpo físico que ya no puede mantener una «vida abundante». El Señor fue bondadoso conmigo y me permitió experimentar personalmente la muerte de un ser querido, para que yo pueda a la vez ayudarlo a usted a recibir sanidad en esta área.

Nunca había perdido a alguien tan querido como mi papá. Él fue diagnosticado con cáncer al cerebro y en sólo cinco meses se fue con el Señor. Esos cinco meses fueron increíbles. Papá y yo tuvimos muchas conversaciones acerca de Dios. Compartimos acerca de Él. Nos aseguramos mutuamente de que Jesús era nuestro Señor y Salvador y de que sabíamos que íbamos a estar juntos en el Cielo.

La parte más difícil de perder a Papá no fue su muerte sino el sufrimiento que tuvo que soportar justo antes de su cura máxima. No sé por qué tuvo que sufrir tanto tiempo. Quizás Dios nos estaba ayudando a que nos diéramos cuenta de que mi papá se estaba por morir. Quizás algunos de nosotros teníamos que resolver la pregunta: ¿Qué me va a ocurrir cuando yo me muera?» Nunca sabremos de este lado de la eternidad por qué tuvo que sufrir durante todos esos meses. Esta es una de las preguntas para las cuales no tengo respuesta hasta que llegue al Cielo y pueda hablar con Dios de frente. He aprendido a aceptar la verdad en Deuteronomio 29.29 acerca de tales preguntas:

> «*Las cosas secretas pertenecen a Jehová nuestro Dios; mas las reveladas son para nosotros y para nuestros hijos para siempre.*»

Una de las «cosas reveladas» es esta: ahora poseo un tesoro en el Cielo. En este mismo momento allá está mi papá. Tengo amigos que se han ido con el Señor y no veo la hora de verlos algún día. El Cielo se ha convertido en algo muy real para mí; es el lugar donde tengo algo muy precioso, y ese conocimiento me ha dado una revelación totalmente nueva de ese lugar.

1 Tesalonicenses 4.13-18 dice:

> «*Tampoco queremos, hermanos, que ignoréis acerca de los que duermen, para que no os estristezcáis como los otros que no tienen esperanza. Porque si creemos que Jesús murió y resucitó, así también traerá Dios con Jesús a los que durmieron en él. Por lo cual os decimos esto en palabra del Señor: que nosotros que vivimos, que habremos*

quedado hasta la venida del Señor, no precederemos a los que durmieron. Porque el Señor mismo con voz de mando, con voz de arcángel y con trompeta de Dios, descenderá del cielo; y los muertos en Cristo resucitarán primero. Luego nosotros los que vivimos, los que hayamos quedado, seremos arrebatados juntamente con ellos en las nubes para recibir al Señor en el aire y así estaremos siempre con el Señor. Por tanto, alentaos los unos a los otros con estas palabras.»

Los cristianos que han muerto son tan preciosos para Dios que cuando venga nuevamente Jesús , ellos son los que se irán primero. ¡Qué pensamiento tan consolador para aquellos de nosotros que estamos lamentando la pérdida de un ser querido! Mientras hacíamos los preparativos para el funeral de mi papá, pensé cómo puede dominarnos el sufrimiento a menos que nosotros lo dominemos a él primero. Debemos consolarnos mutuamente con las palabras de 1 Tesalonicenses 4. No necesitamos llorar y gemir como los que están en el mundo. Nosotros tenemos una esperanza y una seguridad en el amor de Dios que nos fortalece.

Papá y yo hablamos de muchas cosas en los días previos a su muerte. Muchas veces, cuando estaba sentada junto a él, me susurraba calladamente: «Me quiero ir a casa.» Hablábamos acerca del Cielo, nuestro hogar eterno y cómo pensábamos que sería. Papá tenía un hermano menor que se había muerto muy joven y ya estaba allá; Papá quería volver a verlo. Ese hermano menor había traído mucha alegría y amor a su hogar. «Quiero verlo», me decía. «Quiero ver a Teddy Dale» (ese era su nombre).

—Papi, vas a verlo —le contestaba yo. Y él se sonreía.

Fue muy trágico ver lo que el cáncer cerebral le hizo a la mente de mi padre. Él tenía una mente brillante; tenía una maestría, era contador público y tenía una mente muy lógica. Pero gradualmente perdió la habilidad de concentrarse o de pensar con claridad. Una de las últimas cosas racionales que me dijo un día mientras me arrodillaba junto a su cama fue:

—Linda, estoy cansado y me quiero ir a casa; pero no sé cómo llegar allí.

—Bueno, Papá —le contesté. —¿Cuál es la forma en que obtenemos lo que queremos?

En su espíritu, él sabía la respuesta, pero no podía articular las palabras. Me miró y me dijo:

—No lo sé.

Él sabía cómo, pero no podía pensar con claridad, de manera que le dije:

—Bueno, Papi, oremos. Oremos acerca de ello.

De modo que oramos. Cuando un cristiano que está padeciendo una terrible enfermedad no quiere seguir viviendo y sufriendo ya más, a menudo expresa su deseo de irse a casa. Su Padre lo está llamando al lugar donde no hay más dolor, ni penas, ni lágrimas.

De modo que me arrodillé junto a la cama de mi papá y oré:

—Padre, en el nombre de Jesús, te pido que te lleves a mi papá a casa. Es el deseo de mi corazón. Él desea verte, Padre. Tú dijiste que nos darías los deseos de nuestro corazón, así que te pido que te lo lleves y nos concedas ese deseo. Te damos gracias por ello, en el nombre de Jesús.

Luego dije:

—Papi, ¿es eso lo que querías?

Él asintió con su cabeza, sonrió y se durmió.

Papá entró en un semicoma y luego en coma. Deseo decirle algo con respecto a las personas que están en coma mientras se preparan para pasar a la eternidad. Se han escrito libros acerca de los testimonios de las personas que han estado en coma y que las daban por muertas, pero que salieron de ese estado. Muchas han relatado el hecho de que escuchaban las conversaciones que se llevaban a cabo en la habitación mientras ellos estaban sumidos en el coma. A menudo repetían las cosas que habían escuchado. Algunos han dicho: «Yo los escuché planeando mi funeral.» Sé que cualquiera de nosotros se sentiría muy mal al saber que nuestro ser querido, que estaba en coma, podía escucharnos hablar sobre los detalles de su funeral.

Es importante que recordemos que aun cuando una persona pueda estar en coma, sin poder hablar y con la mente confundida, su espíritu aún sigue vivo. Como creyente, usted le puede hablar al espíritu de la persona. En ese momento tiene una gran ventaja. Cuando lo visité a mi padre que estaba en coma, el Señor me dio la oportunidad de hablarle al espíritu de mi papá, a pesar de que él no me podía hablar a mí.

Cuando podía, iba a verlo, me arrodillaba junto a su cama para hablarle en el oído y le decía cuán precioso le era él para Jesús. «Papi, te vas a ir a casa pronto», le decía. «Jesús está listo para recibirte… tiene sus brazos extendidos para abrazarte. Papi, Jesús te va a tomar y abrazar y te va a decir cuánto te ama. Ya no vas a seguir sufriendo más.»

A veces le decía: «Papi, Jesús ama a Jack» (el nombre de mi papá era Jack). «Él te está esperando. Ya estás casi en casa, Papi. Ya estás casi en casa. Los ángeles vendrán pronto. Están preparando el camino. Ellos vendrán y te mostrarán cómo llegar allí.» Aproveché la oportunidad de hablarle así porque sabía que me estaba escuchando.

Él ya había hecho las paces con todos sus seres queridos: sus hermanos y hermanas, mi hermano, mi hermana y conmigo. Nos había dicho las cosas que quería que supiéramos. Nos dijo cuán especiales éramos para él… qué orgulloso que estaba de nosotros… cuánto nos quería. Dios fue muy bondadoso al permitirnos escuchar esas palabras del hombre que queríamos tanto, experimentar esos sentimientos e intercambiar nuestro amor. Ese amor está por siempre seguro hasta que lo veamos nuevamente en el Cielo.

Dios es el que controla todos los acontecimientos —eso fue muy evidente durante los últimos días con mi papá. Por sobre todas las cosas, yo quería estar con él cuando pasara de este mundo a su hogar eterno. Le había pedido al Señor que me mostrara cuándo iba a ser ese momento. Sabía que era algo atrevido, pero oré: «Padre, ni Jesús sabe cuándo volverá a la tierra a buscarnos, pero tú lo sabes. Sé que tanto tú como Jesús saben cuándo irá mi padre a verlos. De modo que te pido que me reveles el momento en que eso ocurrirá. Sé que este es el tiempo de su partida, pero te pido que me reveles el momento exacto. Te lo pido en fe, en el nombre de Jesús.»

Durante las semanas antes de su muerte no había ido nunca a la oficina ni había hecho mi trabajo de enfermera. Pero el lunes que falleció Papá, tuve que ir a trabajar. Ya había visto a varios pacientes, pero de repente lo miré a mi esposo y a nuestra jefa de enfermeras y les dije:

—Me tengo que ir. Me tengo que ir ahora mismo.

Sentí una tremenda urgencia de dejar todo y correr a la casa de mis padres. (Papá quería morir en casa, y eso fue posible con la ayuda de muchas personas que lo estuvieron cuidando.) Cuando llegué junto a su cama, me di cuenta que su respiración había cambiado drásticamente. De inmediato la llamé a mi hermana. Mientras estaba en el teléfono, escuché que su respiración cambiaba otra vez, de modo que colgué el receptor rápidamente y me dirigí a su lado. Mamá estaba sentada en una silla, hablando con la enfermera. Le dije:

—Mamá, mejor que vengas rápido.

Ella vino y se paró a su izquierda; yo me paré a su derecha.

—Mamá, tómale la mano —le sugerí, y yo le tomé la otra mano. Un momento más tarde, su respiración cesó y Papá abandonó este mundo.

Simplemente me quedé allí sentada, sosteniéndole la mano. Cuando había tratado de prepararme para enfrentar este momento, había pensado que llegado el momento me iba a derrumbar: llorar y gemir y estar hecha trizas. Pero fue muy diferente. Simplemente estaba allí sentada, pensando: *Aquí estoy, sosteniendo la mano de mi papá. Pero su cuerpo no es más que una vasija de barro que albergó a su espíritu mientras estuvo aquí en la tierra. Ahora está en la gloria.*

Tuve que resistir el deseo de sonreír y reírme en voz alta. Mi espíritu rebozaba de gozo al saber que su dolor y su sufrimiento se habían ya terminado. Sabía que mi papá estaba en la gloria, parado frente a Jesús, cara a cara. ¡Qué momento increíble!

Cuando vino la familia e hicimos los arreglos para el funeral, me seguía acordando de lo que le había dicho a Papá justo antes de que se fuera... antes de que cambiara su respiración. Me había dado cuenta que ya faltaba poco, así que me incliné y le dije al oído, como lo había hecho tantas veces antes:

—Papi, ya estás casi allí... ¡ya casi estás en tu casa! Los ángeles vienen; vas a estar muy bien.

Papá no me había respondido a nada de lo que le había dicho por mucho tiempo, pero de repente alzó su mano derecha. Yo sabía que estaba tratando de tomar la mano de Dios para que lo llevara al Cielo, porque muy pronto después se fue con el Señor. Fue un momento maravilloso.

Dios me reveló algunas cosas muy especiales que me ayudaron a sobrellevar el sepelio. Poco antes del entierro, por alguna razón, tomé el diccionario y busqué la palabra *cementerio*. Nunca me gustaron los cementerios porque, francamente, los muertos están allí. Pero cuando busqué la palabra cementerio en el griego, descubrí que significa «un dormitorio... un lugar de sepelio... para dormir». Para aquellos de ustedes que estén familiarizados con los cementerios, se entierra a las personas mirando el este, tanto creyentes como no creyentes. Me acordé que cuando Jesús irrumpa en el cielo desde el este, los muertos en Cristo resucitarán primero... fuera de las habitaciones donde dormían esperando ese día.

Otra palabra que siempre me molestó fue la palabra *féretro*. Odio esa palabra; siempre la he odiado. De modo que la busqué también en el diccionario. Quiere decir: «un pequeño arcón o caja... generalmente ornamentado y forrado... una caja o arcón rectangular para enterrar a los muertos.»

Comencé a pensar en esa definición, y todavía no me gustaba mucho la palabra. Pero de repente el Señor me reveló que el arcón es como un alhajero donde se encuentra un precioso tesoro, dormido hasta el día del rapto. En su Palabra Dios revela que este tesoro es tan especial que los muertos van a resucitar primero para encontrarse con Él en el aire. Solo después seremos arrebatados nosotros con ellos en las nubes para recibir al Señor en el aire.

Estas revelaciones íntimas me ayudaron a enfrentar el sepelio de mi papá con gozo y esperanza. El Señor me ha dado el gozo de saber que está en la gloria y en la presencia del Señor. Estoy orando por aquellos de ustedes que se aferran al dolor y que son sus prisioneros, y que todos los días sienten el dolor de la pérdida. Espero que el ejemplo de cómo me ministró Dios a través de los eventos de la muerte de mi padre, les sirva de consuelo.

Deseo que se pueda dar cuenta que esta tierra no es nuestro hogar. Solo estamos de paso. Ore que cuando termine la carrera, el Señor Jesús le diga: «Bien, buen siervo y fiel.» Viva con la esperanza de pasar toda la eternidad con los tesoros preciosos —sus seres queridos— que se han ido antes que usted. ¡Oh, aquel será un día maravilloso!

FINALICE LA CARRERA CON GOZO

Muy a menudo le pregunto a mis pacientes: «Si Dios lo sana, ¿qué hará usted por Dios? ¿Cómo será su carrera de aquí en más si usted recibe la cura bíblica?» Pablo habló acerca de finalizar la carrera con gozo. También dijo que su gozo mayor sería estar con Jesús por toda la eternidad. Todos nosotros tenemos puesta la mirada en la esperanza bendita de ingresar a la eternidad con nuestro Señor y Salvador, Jesucristo. Mas, no estamos listos a entrar en esa eternidad hasta que el Señor nos haya dado su palabra final: «Bien, buen siervo y fiel.»

Mientras está en busca de su remedio bíblico, pregúntese a sí mismo: «¿Qué desea Dios que yo haga en amor y servicio a Él y a mis semejantes?» Cada creyente tiene un ministerio, una forma especial y única en la cual está dotado para servir al Señor.

¿Está dispuesto a hacerse la pregunta final: «Cuando finalice mi carrera con gozo, ¿estoy preparado para pasar a través del sueño de muerte y entrar en la vida eterna con Dios?»? Jesús reveló que la muerte no es el fin sino que es simplemente un dormir. (Véase Marcos 5.39; 1 Tesalonicenses 4.13.) No es más que la forma en que pasamos de esta vida a la eterna (Juan 3.16; 1 Juan 5.20).

Si usted no conoce a Jesús como su Señor y Salvador personal, lo invito ahora mismo a que se arrepienta de sus pecados, que le pida a Jesús que lo perdone, que lo limpie con su sangre y que lo salve. Luego confiese a Jesucristo como su Señor y Salvador (Romanos 10.9-13).

Una vez que conozca a Jesús, usted recibirá el don del Espíritu Santo, quien lo guiará en su camino de sanidad y le revelará su remedio bíblico (Hechos 2.38).

Antes de cerrar este libro deseo que sepa que estoy orando para que usted pueda servir al Señor por el resto de su vida, manteniéndose firme y terminando su carrera con gozo.

Señor Jesús:

Te pido ahora mismo por este precioso lector, que tu Espíritu Santo lo guíe en su camino específico de sanidad. Por tu Espíritu te pido que le des a mi amigo la determinación de aplicar los principios de El remedio bíblico a su vida, de modo que pueda alabarte y servirte con cuerpo, alma y espíritu sanos, y finalizar la carrera con gozo.

Amén.

NOTAS

CAPÍTULO 1
VERDADES QUE HAN ASOMBRADO
A ESTE CIENTÍFICO Y MÉDICO

1- Isadore Rosenfeld, M.D., *Dr. Rosenfeld's Guide to Alternative Medicine.* New York: Random House, 1996, p. 101.
2- Harris, Archer Jr., Waitke, eds., *Theological Wordbook of the Old Testament.* Chicago: Moody Bible Institute, 1980, p. 287.
3- Craig, Haigh, and Harrar, *The Complete Book of Alternative Nutrition,* editado por los editores de la revista *Prevention Magazine.* Emmaus, PA: Rodale Press, Inc. 1997, p. 360.
4- *Taber Cyclopedic Medical Dictionary.* Philadelphia, PA: F. A. Davis Company, 1997, p. 841.
5- Jack Deere, *Surprised by the Power of the Spirit.* Grand Rapids, MI: Zondervan Publishing House, 1993, p. 57.
6- *Corpus Medicorum Graecorum* (vol. 4, 2, 246, 20), circa 130-200 d.C.

CAPÍTULO 2
SECRETOS DE SANIDAD DE DIOS EN EL ANTIGUO PACTO

1- T.A. Burkill, «Medicine in Ancient Israel», *The Central African Journal of Medicine,* julio 1997, p. 153.
2- Theological Wordbook, p. 405.
3- George Cansdale, «Clean and Unclean animals», *Eerdmans' Handbook to the Bible,* David y Pat Alexander, eds. Grand Rapids, MI: William B. Eerdmans Publishing Company, 1973, p. 176.
4- Shaul G. Massry, Miroslaw Smogorzewski, Elihur Hazani, Shaul M. Shasha, «Influence of Judaism and Jewish Physicians on Greek and Byzantine Medicine and Their Contribution to Nephrology», *American Journal of Nephrology,* vol. 17, números 3-4, 1997, p. 233.
5- L. M. Friedman, *Washington and Mosaic Law, American Jewish*

Historical Society, 1950, 24:320.
6- Resumido del *Theological Dictionary of the New Testament*, Geoffrey W. Bromiley, ed. Grand Rapids, MI: William B. Eerdmans Publishing Company, 1985, p. 1132 y sig.
7- Leonard F. Peltier, M.D., Ph.D., «Patron Saints of Medicine», *Clinical Orthopaedics and Related Research*, no. 334, p. 375.
8- Resumido del *Theological Dictionary of the New Testament*, Geoffrey W. Bromiley, ed. Grand Rapids, MI: William B. Eerdmans Publishing Company, 1985, p. 1202.
9- Véase *A Greek English Lexicon of the New Testament and Other Early Christian Literature*, W. F. Arndt and F. W. Gingrich, eds. Chicago: University of Chicago Press, 1957, p. 368.

CAPÍTULO 5
ALIMENTACIÓN SALUDABLE CON LA DIETA MEDITERRÁNEA

1- *Everyday Life in Bible Times*, James B. Pritchard, ed. National Geographic Society, 1967, pp. 242, 332.
2- James I. Cook, *The Oxford Companion to the Bible*, Bruce M. Metzger, Michael D. Coogan, eds. New York: Oxford University Press, 1993, p. 95 («Bread»).

SALUDABLES RECETAS DEL REMEDIO BÍBLICO

Linda y yo hemos seguido la Dieta Mediterránea durante muchos años. Linda ha desarrollado muchas recetas creativas y sabrosas y deseamos compartir algunas de nuestras favoritas con usted.

LICUADO DE FRESAS Y BANANA

2 tazas de leche cultivada (*buttermilk*)
2 tazas de fresas o frutillas frescas
2 bananas maduras
Miel a gusto

Licuar todos los ingredientes en una licuadora, agregando 6 a 8 trocitos de hielo a la mezcla. Endulzar con miel a gusto.

PANECILLOS DE
SALVADO DE AVENA

2 tazas de cereal de salvado de avena
1/4 taza de azúcar morena, bien apretada
2 cucharaditas de polvo de hornear
1 taza de leche descremada
3 claras de huevo, batidas ligeramente
1/4 taza de miel
2 cucharadas de aceite de oliva extra virgen o de canola

Combinar todos los ingredientes. Mezclar bien y volcar la mezcla en moldes para panecillos. No llenarlos hasta arriba. Hornear a 220° C (425° F) durante 15 a 17 minutos.

TOMATES ESTILO
ITALIANO

2 tomates grandes cortados en mitades
3 cucharadas de albahaca fresca picada (o 1 cucharada de la disecada)
1-2 dientes de ajo picado
Pimienta negra fresca molida
2 cucharaditas de aceite de oliva extra virgen
Queso parmesano de bajo contenido graso

Combinar la albahaca, el ajo, la pimienta y el aceite de oliva en un bol pequeño. Untarlo en forma pareja sobre las mitades de tomates. Espolvorear ligeramente con el queso parmesano. Colocarlo en un plato de servir redondo de vidrio en el horno microhondas al máximo durante 3 y 1/2 minutos. Sirve para acompañar cualquier tipo de comidas.

CÓMO COCINAR
LOS FRIJOLES
O POROTOS SECOS

Enjuagar 1/2 kilo de frijoles secos en un colador y quitar los que estén dañados. Colocar los frijoles restantes en una cacerola de agua fría. Agregar una cucharada de sal liviana. Hervirlos, luego cubrir la cacerola y apagar el fuego. Dejar reposar toda la noche. Al día siguiente, cocinarlos hasta que estén tiernos (varias horas), siguiendo las instrucciones del paquete.

Se le pueden agregar varios ingredientes, incluyendo huesos de pavo que haya guardado de otra ocasión (manténgalos frizados hasta el momento de utilizarlos). Esta es una forma saludable de cocinar las diversas variedades de frijoles.

FRIJOLES PINTOS
DE LUJO

4-6 tazas de frijoles pintos cocidos
1 cebolla mediana picada
1 lata de 450 gr. de tomates cocidos
1 cucharada chile en polvo
1 manojo de cilantro fresco

Seguir las instrucciones anteriores para cocinar los frijoles; justo antes de cocinarlos, agregar la cebolla, los tomates, el chile en polvo y el manojo de cilantro fresco.

SOPA DE FRIJOLES ESTILO MEDITERRÁNEO

2 cucharadas de aceite de oliva extra virgen
1 cebolla grande picada
3 zanahorias medianas peladas y picadas
2 dientes de ajo molidos
2 tazas de frijoles secos, remojados y escurridos
8 tazas de agua hirviendo
1 lata de 400 gr. de tomates cocidos con jugo
1 cucharada de tomillo fresco desmenuzado (o una cucharadita del disecado)
2 hojas de laurel
Aproximadamente 1/4 taza de perejil picado (dejar algo para la decoración)
Sal liviana a gusto
Pimienta negra recién molida a gusto
Crutones para decorar

Remojar los frijoles durante toda la noche, o prepararlos de acuerdo a las instrucciones del paquete. Calentar el aceite de oliva en una cacerola sopera pesada grande y saltear la cebolla, las zanahorias y el ajo hasta que las verduras estén tiernas pero no doradas (alrededor de 10 minutos).

Agregar los frijoles escurridos y el agua hirviendo a la cacerola sopera; agregar el tomillo, las hojas de laurel y el perejil. Tapar y cocinar sobre fuego lento de 1 a 3 horas, agregando agua ocasionalmente hasta que los frijoles estén blandos (el tiempo de cocción varía de acuerdo al tipo de frijoles).

Cuando los frijoles estén cocidos, agregar la sal y la pimienta. Para obtener una sopa más espesa, separe 1y1/2 taza de frijoles y haga un puré en la licuadora o procesadora de alimentos. Vuelva a colocarlo en la cacerola. Para obtener una sopa menos espesa, agréguele agua caliente. Decorarla con perejil picado y crutones. Pruebe hacer esta sopa con diferentes variedades de frijoles.

SOPA DE
VERDURAS DE LINDA

1y 1/2 cebollas
1 pimentón verde
1/2 cabeza de repollo
3 tallos de apio con hojas
4 zanahorias

Cortar las verduras en trozos medianos. Agregar:

1 lata de 900 gr. de tomates cocidos
1 cucharadita de ajo picado
1 cucharadita de tomillo
1 cucharada de sal liviana
1/2 cucharadita de pimienta negra recién molida
6-8 chorritos de salsa picante

Las siguientes verduras son opcionales y se pueden agregar a su cacerola sopera antes de cocinar: zapallo amarillo, calabacitas o zapallitos, calabazas o zapallos, repollitos de Bruselas frescos, coliflor.

Mezclar todos los ingredientes en una cacerola grande y hervir. Reducir el fuego a medio y cocinar por aproximadamente unos 20 minutos o hasta que las verduras estén tiernas

ZAPALLO TIPO
ESPAGUETIS

Cortar el zapallo y quitarle las semillas.

MÉTODO DE HORNO CONVENCIONAL:

Hornear el zapallo con la parte cortada para abajo, en una fuente de horno poco profunda rociada con aceite de oliva a 180° C (350° F) durante 45 minutos.

141

MÉTODO DE HORNO MICROHONDAS:

Hornear el zapallo con la parte cortada para abajo, en una fuente de horno poco profunda con 1/4 taza de agua. Cubrir con una envoltura de plástico transparente. Hacer varios cortes en el envoltorio. Cocinar al máximo de 7 a 10 minutos.

Quitar del horno. Utilizar un tenedor para raspar el interior del zapallo, creando tiras de zapallo cocido que se asemejan a los espaguetis. Agregar sal liviana, pimienta y, si lo desea, un poco de margarina.

FILETES DE SALMÓN A LA PARRILLA

1 filet de salmón por persona
Hierbas finas o condimento italiano de hierbas
Margarina sin contenido graso

Colocar los filetes de salmón en una fuente para parrilla o en una fuente de horno cubierta con papel de aluminio, o en una fuente de horno rociada con aceite de oliva o con *spray* antiadherente. Esparcir las hierbas o el condimento por encima de los filetes. Colocar un trocito de margarina en el centro de cada filet. Cocer el primer lado de 5 a 7 minutos. Darlos vuelta, condimentarlos, colocar el trozo de margarina y cocinarlos por otros 5 a 7 minutos más. Servir de inmediato.

Sugerencia: El pescado a la parrilla es rico con arroz o papa horneada, brócoli y ensalada.

ENCHILADAS MEDITERRÁNEAS DE ESPINACA

1 y 1/2 taza de caldo de pollo sin contenido graso
1 taza de chiles verdes en lata, cortados en trocitos
2 tomates cortados en trocitos
2 cucharadas de cebollas picadas fino
2 dientes de ajo picado
2 cucharadas de fécula de maíz (tipo Maizena)
2 cucharadas de agua
565 gr. de espinaca picado fino
8 tortillas de maíz

Mezclar el caldo, los chiles, los tomates, las cebollas y el ajo en una cacerola grande. Hervir. Cocinar a fuego lento durante 15 minutos.

En un pequeño bol, mezclar la fécula y el agua. Agregar al caldo y continuar cocinando, revolviendo a medida que la mezcla se va espesando. Retirar del fuego.

Mientras se cocina la salsa, cocinar la espinaca al vapor durante 5 minutos. Recubrir una fuente de horno con un *spray* antiadherente. Dividir la espinaca en partes iguales entre las tortillas y enrollar, colocando una sola capa de enchiladas en la fuente de horno con la parte abierta hacia abajo. Colocar la mezcla de tomate por encima. Hornear a 205° C (400° F) durante 10 minutos. Este sabroso plato acompañado por una ensalada hará una comida completa.

POLLO CON ARROZ

1 pollo entero
2 tazas de arroz integral
3 cucharadas de aceite de oliva extra virgen
2 tallos de apio en trocitos
1 cebolla mediana en trocitos
1 pimiento verde en trocitos
2 cucharadas de perejil picado
1 cucharadita de sal liviana
1/2 cucharadita de pimienta negra recién molida

Hervir el pollo y quitarle los huesos. Guardar el caldo en la heladera durante la noche. Al día siguiente, sacarle la capa de grasa. Cocinar el arroz en el caldo, siguiendo las instrucciones del paquete.

Verter el aceite de oliva en una sartén. Saltear el pimiento y el perejil con sal y pimienta hasta que estén tiernos. Mezclar todo esto con el arroz cocido. Agregar el pollo y mezclar bien. Rociar una fuente de horno de 20 a 30 cm. con aceite de oliva o *spray* antiadherente. Distribuir los ingredientes en la fuente. Cubrir con papel de aluminio. Hornear a 180° C (350° F) durante 45 minutos. Sirve para seis a ocho porciones.

POLLO A LA TÍO CARLOS

2 pechugas de pollo, crudas
1 cebolla mediana picada
Pimienta negra recién molida
1 cucharada de aceite de oliva extra virgen

Verter el aceite de oliva en una sartén. Agregar la cebolla

picada. Cortar el pollo en trocitos y agregarlo a la sartén. Condimentar con la pimienta. Cocinarlo hasta que esté tierno, alrededor de 10 minutos. Servir inmediatamente sobre arroz, pasta o papas. Sirve para cuatro porciones.

POLLO FRITO
SALUDABLE

1 pollo entero, sin piel y cortado en trozos
1 y 1/2 taza de harina de trigo integral
1/4 cucharadita de sal liviana
1/4 cucharadita de pimienta negra recién molida
Aceite de canola

Calentar el aceite en una sartén. Combinar la harina, la sal y la pimienta en una bolsa de plástico. Agitar para que se mezclen los ingredientes. Enjuagar el pollo con agua. Colocar los trozos de pollo en la bolsa de plástico y agitarla bien para que se cubra con los ingredientes. Cocinarlo en aceite caliente hasta que se dore.

Sugerencia: Este pollo queda rico con mazorcas de maíz (elotes, choclos), puré de papas, verduras cocidas al vapor y ensaladas, especialmente la de repollo y zanahoria.

nota: La harina de trigo integral se dora más rápido que la harina común. Fría el pollo lentamente pero sobre fuego entre medio y alto para asegurar que se cocine.

NOTAS

NOTAS

NOTAS

NOTAS

NOTAS

NOTAS

NOTAS

NOTAS

NOTAS

Casa Creación

Presenta

*libros que edifican
inspiran y fortalecen*

CASA
CREACIÓN
ALIMENTANDO
SU ESPÍRITU

www.vidacristiana.com